U0047770

星座小熊
BluesBear
© Starring Ideas Inc.,Ltd.

2/20~3/20
第一本星座書

雙魚座
同喜同悲超貼心

作者◎
FB 粉絲 70 萬的人氣插畫家
星座小熊
暢銷星座書作家
曾新惠

今夜星光燦爛

　　星座之於人生，就像一道又一道的美食──

　　有時你會因為溫暖味蕾的甜味而感覺幸福滿溢，有時你會因為嗆衝腦門的辣味而涕淚齊發，有時你會因為直入心底的苦味而五官扭曲，有時你會因為刺激強烈的酸味而起雞皮疙瘩……這些五味雜陳，就像星座顯現的人生滋味，隨時在你心中發酵、迴盪。

　　某一段時間，你可能手氣大順、得意忘形，此時，就會有帶著考驗、壓力、限制意義的星星，現身來平衡你高張的氣燄；某一個時刻，你可能挫折不斷、失意沮喪，此時，就會有帶著幸運、慈愛、溫暖意義的星星，現身來平衡你低落的信心。

星光閃閃，每一顆星都有屬於自己的特質和使命，它們看似不相干，卻緊密相連，交織出一張張精彩美麗的人生星圖，猶如這世上變化萬千的各種滋味，總是讓人百般回味，心神滿足！

目錄・CONTENT

雙魚與各星座的美味關係

◇◇◇◇◇◇◇◇◇ 星座八卦站 ◇◇◇◇◇◇◇◇◇

雙魚與各星座的愛情協奏曲

◇◇◇◇◇◇◇◇ **星座八卦站** ◇◇◇◇◇◇◇◇

12 種上升星座，12 種雙魚

怎麼辦？雙魚～

◇◇◇◇◇◇◇◇◇ **星座八卦站** ◇◇◇◇◇◇◇◇◇

PART 1

說到雙魚座

以最完整的分類方式，

掃描一遍雙魚的各項基本資料，

讓你快速掌握雙魚的關鍵特質。

 **雙魚速寫**

生日：2/20~3/20

符號：♓

英文：Pieces

守護星：海王星

守護神：波賽頓（希臘），內伯圖斯（羅馬）

性質：陰性

屬性：水象星座

宮位：第 12 宮

宮位性質：變動宮

代表詞彙：我給

數字：6、9

星期：星期日

顏色：紫色

花朵：鬱金香

寶石：綠寶石

材質：合金

物品：浪漫感性的物品

身體部位：腳

偏愛場所：海邊、音樂廳、靈修講堂

優點：善解人意、有愛心、信任他人、藝術天分、
犧牲奉獻

缺點：愛幻想、感情用事、缺乏危機意識、懦弱、
說謊、濫情

性格原罪：軟弱

契合星座：巨蟹、天蠍

對立星座：處女

緊張星座：雙子、射手

中立星座：牡羊、金牛、獅子、天秤、
　　　　　　摩羯、水瓶

◈ 神話由來

　　宙斯為了削弱女神維納斯的氣燄，要她嫁給
火神赫法斯托斯。婚後，被冷落的維納斯與戰神
陷入愛河，因而生下愛神邱比特。一天，牧神潘
恩在眾神宴會上吹奏美妙音樂，引來怪物，同時
嚇到正在河邊散步的維納斯和邱比特，維納斯立
刻撕下一片衣服當絲帶，一端繫住邱比特的腳，
另一端綁在自己身上，同時化身成兩隻魚跳入水

中。從此，雙魚就被形象化地置於天上，成為星座之一。

◈ 愛情觀

浪漫天真、愛幻想，天生就是愛情的動物，沒有愛情便活不下去，對於愛情的渴求是重量不重質，只要有戀愛可談，什麼都可以配合，至於對方到底適不適合自己，並非需要考慮的重點。

◈ 人際觀

不但善解人意，還具有悲天憫人的慈愛之心，尤其當朋友受苦受難時，更是大方伸出援手，即使未必能在物質上幫上什麼忙，但在精神方面的支持與關懷，就足以讓對方覺得窩心、感動。

◇ 金錢觀

喜歡沒壓力、可不定時休息的賺錢方式，十分懶散，又過於天真浪漫，因此常有荷包已經見底卻沒發現的情形，另外，儲蓄力亦不強。投資方面，毫無恆心，也沒有明確的計畫。

◇ 工作觀

對於職場的人事物存有太多幻想，不切實際，導致自食惡果，最後惹得一身腥。天真感性的性格與講求實際的職場現況格格不入，最好從事具有想像力或強調精神層次的工作，才能如魚得水，有所發揮。

◇ 職業

藝術家、音樂家、詩人、醫院、公益團體、酒商、潛意識開發、心靈成長、藥物管理、社會救助、

心理輔導。

◈ 名人代表

男性：梁啟超、鍾鎮濤、宋楚瑜、林懷民、洪榮宏、蔡康永、蔡詩萍、郭子乾、明道、謝坤達、金庸、任達華、南派三叔、愛因斯坦、賈伯斯、布魯斯威利、盧貝松、長島茂雄、豬木、志村健、豐川悅司、長谷川博己、松山研一、要潤、菅田將暉、張東健、南柱赫、馬東石、南宮珉

女性：紀政、張曼娟、徐若瑄、于美人、伊能靜、趙薇、李宇春、瑞莎、伊莉莎白・泰勒、蕾哈娜、中島美雪、黑木華、黑島結菜、朴敏英、金荷娜、張娜拉、徐玄振、韓孝周

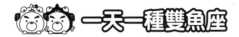 一天一種雙魚座

2月20日

常在不知不覺中流泄出可愛、討人喜歡的特質，尤其對於異性的吸引力特別大，桃花很旺，是天生的放電機；膽小怯懦，什麼事都不敢嘗試，只想窩在自己熟悉的環境，容易給人不求上進、消極的印象。

2月21日

對事情沒什麼自己的想法，對問題也常不知如何解決，喜歡詢問他人的意見，但又只是聽聽就算了，很少照著實行，讓人覺得很沒誠意；悲觀，膽怯，負面思考，尤其面對壓力或困難時，很容易因為承受不了而崩潰，其實狀況並不如自

己想像嚴重，大多只是庸人自擾。

2月22日

慈悲、謙虛、體貼、好脾氣，不武斷地妄下結論，願意給別人機會，能設身處地為人著想；頭腦不清，道聽塗說，心猿意馬，完全不適合處理任何與投資理財有關的事，還是交給值得信賴的專業人士吧。

2月23日

表達含糊不清，做事緩慢拖拉，情感曖昧不明，好像從來不曾清醒、明確、積極，整個人常常都是懶洋洋的，缺乏活力；對藝術有獨特天賦，小小學習就有大大成就，而且一通百通，具有超乎想像的潛力。

2月24日

　　意志力薄弱，做事容易半途而廢，如果又有人在旁邊慫恿，立刻就會受到嚴重干擾，導致最後一事無成；熱心助人，無論行動上的支援或精神上的支持，從不吝嗇，永遠敞開雙臂等著擁抱需要溫暖的人。

2月25日

　　不多心、不猜忌，別人說什麼就信什麼，覺得揣測他人心意是很累人、很艱難的工作，倒不如選擇相信，即使被騙亦無所謂，也不會因此記仇；處理愛情的能力很差，雖然初衷是不希望有任何人受到傷害，但常把問題越搞越複雜，最後的結果往往是每一個人都痛苦不堪。

2月26日

平時總是畏縮地躲在人群之後，好像很害羞膽小，可是一旦有機會出席正式場合，卻顯得落落大方、架勢十足，與平常給人的印象大異其趣；沒有什麼企圖心，很怕被要求擔當重任，只想自由自在地生活，但因為溝通技巧不佳，常讓自己深陷於左右為難的處境。

2月27日

不夠獨立自主，喜歡依賴別人，尤其在情感方面，時常為一點小事就哭哭啼啼，更是容易讓人覺得黏膩厭煩；具有敏銳的直覺力，只要用心去感覺，準確度極高，可用於決定人生方向或解決生活大事。

2月28日

雖然對新奇事物也具備某種程度的興趣，但

卻不夠勇敢，缺乏嘗鮮、冒險的精神，只好坐在一旁扮演局外人的角色；凡事好商量，無論對方有多麼強硬尖銳的脾氣，都會被你的體貼和善意軟化。

2月29日

有過於悲情的傾向，覺得自己運氣不佳，老是遇到不公不義之事，心裡陰影揮之不去，對於自己各方面的表現影響很大；有愛心，對於公益之事能身體力行，雖然常遇到阻礙，但總是能堅持下去。

3月1日

愛心滿懷，犧牲奉獻，軟柔溫順，像在寒冷冬季裡用熱水泡腳的感覺，一陣通體舒暢的暖流流遍全身，幸福滿溢；缺乏主見和判斷力，耳根

子又軟，只要有心人士運用一點小伎倆，就能把你騙得團團轉。

3月2日

　　沒辦法生活在充滿限制的環境裡，守不了秩序、聽不懂規則，邊界和紀律是生命中的兩大障礙，很難突破；忽略物質條件的追求，重視精神層次的提升，絕非只講利益報酬的現實主義者，頗具靈性。

3月3日

　　情感豐富，但時常運用不當，導致過於濫情，不管這個人是好是壞、是正是邪，只要懂得裝可憐就能得到你的愛心和同情心，十分不理智；直覺力強，適合藉由靜心冥想來開發潛能，對於宗教、神祕學、玄學等相關人事物的感覺特別親近，

並且有高度興趣。

3月4日

　　善解人意、包容力強，不論別人怎麼對待自己，依舊不斷釋出無比的真心誠意，一言一行皆散發濃濃的愛，讓人感覺溫暖；猶豫不決，拿不定主意，即使只是芝麻綠豆大的小事，也要想個老半天。

3月5日

　　天真浪漫，愛作白日夢，別人的未來是流血流汗、辛苦實踐出來的，你的未來是坐在家裡、躺在床上幻想出來的；善於傾聽，無論對方訴苦的內容多麼無聊冗長或不合情理，你都會回以無比的耐心和關心。

3月6日

乾淨的靈魂，純真的思想，沒心機、不計較、沒企圖、不爭搶，一切都是隨緣，懂得用超然的心情看待世間的悲歡離合；相當情緒化，一會兒像快樂悠哉的魚兒，覺得人生無限美好，一會兒像快要溺死下墜的魚兒，覺得人生晦暗無望，心情總是在反覆中掙扎。

3月7日

頗具藝術天分，無論是音樂、繪畫、文學等方面，都有過人的敏銳度和創作力，如果能加上持之以恆的學習毅力，必有驚人成績；迷糊混沌，對規則、紀律視若無賭，像一隻在大海悠遊的魚，毫無方向。

3月8日

無法承受壓力，一遇到麻煩事就立刻逃之夭夭，假裝什麼事都沒發生過，責任感幾近於零；不管對方身分是貧富貴賤，只要陷於沮喪、遇到困境，必給予關愛和照顧，心裡有一股永遠用不完的愛之泉源。

3月9日

為了他人願意犧牲自己，具有人飢己飢、人溺己溺的精神，很適合投入慈善公益事業，散播無限的愛，造福人群；總是自欺欺人，硬要躲在自創的夢裡，以為這樣才是安全，其實根本就是逃避心理作祟。

3月10日

敏感、理想主義，心裡縱有千迴百轉的感想，也都只放在心裡獨自咀嚼，因為不會、不想、也不知如何完整表達給他人知道，所以乾脆由自己承受一切喜怒哀樂；缺乏危機意識，太信任別人，不懂得適時保護自己，經常引狼入室，受傷痛苦，卻怎麼都無法記取教訓。

3月11日

常做一些沒建設性的事，自己覺得很忙，其實只是瞎忙一通，根本毫無所獲，而且也沒什麼學習的動力，總是讓人感覺不長進；與人為善，包容體諒，能達到己所不欲、勿施於人的做人標準。

3月12日

溫順柔和，與人為善，喜歡將自己的心情和人分享，同時也善於傾聽他人的心事，好惡並不明顯，

是一個外表看似投入，但內心卻很抽離的人；易受環境氣氛影響，心情隨之忽高忽低，偶有失控的可能，必須學習穩定情緒和抒解壓力。

3月13日

對於投身慈善、公益活動，十分感興趣，也許在別人的認知裡，這是一件不重要、浪費時間的事，但在你的價值觀裡卻是神聖的當務之急；一天到晚只會做白日夢，以為想著、想著，就真的能美夢成真，從不知道什麼是腳踏實地、勤奮努力，一心只想逃避現實的殘酷考驗。

3月14日

情緒常處於極端快樂或極端悲傷，無法自我控制，不容易找到平衡的中間值，大部分時間都

處於擺盪、跳躍、轉換的狀態，精神上是痛苦的；
能以無盡的耐心和愛的力量感化他人，雖然也有
自我懷疑的時候，但只要有足夠的誠意，許多問
題自然會迎刃而解，不必過於擔心。

3月15日

　　藝術才華高，漫遊於創意的想像空間，感覺
無比的快樂幸福，運用這方面的能力與人分享、
互動，通常可得到意料之外的迴響和收穫；缺乏
活力、溝通力和行動力，也許私底下確實做了不
少有意義的事，但因為沒有具體而明顯地表達，
以致於讓人留下萎靡不振的黯淡印象。

3月16日

　　自制力不足，易受外界環境影響，導致想法
不停改變、找不到方向、心情沒有依靠的準則，

整個人都不對勁，容易與社會脫節；不爭名奪利，配合度高，雖偶爾會製造一些小麻煩，但在群體人際中的受歡迎度不低。

3月17日

經不起一點風浪，一遇到關卡就逃避，不能勇敢面對，老是把問題推給別人解決，沒有成長空間，只有停滯不前的抱怨和感嘆；真心關懷、誠摯付出，而且不求回報，幫助他人的同時，也等於在肯定自己。

3月18日

心胸寬大，善良純真，接受別人一分恩惠就感激涕零，一定會想辦法還以十分，不僅不占人便宜，還常常吃虧，但仍樂此不疲；不懂得規畫，不按表操課，不拘泥於形式，隨興而至，自以為

是藝術家風格，其實早已失控。

3月19日

　　容易耽溺於某人、某一個狀態、某一種情緒、某一項嗜好，無法自拔，廢寢忘食，不做正事，十分放縱自己；不斷修煉，提升心靈層次，讓自己變得快樂，讓旁人感到安心，讓人生的路走得更穩健。

3月20日

　　自信不足，內向膽怯，老是覺得別人的實力比自己堅強，就算有好成績也不敢說出來，久而久之，惡性循環，正面能量很快就會被負面能量擊垮了；具有豐富的想像力，不會被慣性框住或被規則綁死，天馬行空地幻想，有助於藝術創作，只要勤加練習，就會有非凡的成就。

PART 2

遇見 4 種血型的雙魚座

星座和血型就像連體嬰，

談到星座，免不了要把血型拿出來講，

那麼，乾脆就讓它們大合體，

擦出更眩目的火花吧！

A 型雙魚

　　雙魚沒原則、優柔寡斷，尤其遇到必須做決定的關係時刻，不是避不見面，就是拖拖拉拉，最後甚至不了了之，所以常被認定是一個無法承擔重任的人；A 型溫和又體貼，雖然沒什麼雄心大志，但分內的工作倒是處理得很好，準時又準確，無論時效或品質都令人放心，但勇氣不足，且危機處理能力較弱，無法獨自面對困境。

　　雙魚膽小、柔弱，喜歡過安逸的日子，只想待在能讓自己覺得舒服、安全的地方，即使被批評消極、沒有建設性也無所謂，不過，包容力強，很少與人發生衝突或交惡；A 型雖然實力不差，但因為自信心不夠，所以習慣依賴別人，即便僅是一個小決定，也要聽遍所有人的意見才覺得安心，欠缺獨立精神。

雙魚和 A 型屬於同一類型的人，悲觀、猶豫不決、懦弱、沒什麼主見、積極度不足、配合度高、喜歡躲在人群後面，兩者的結合加強了負面性格，離開朗樂觀的陽光之路似乎更遙遠了。

多愁善感、為賦新詞強說愁的 A 型雙魚，喜歡浪漫氣氛，更愛沉浸在微愁哀傷的情緒之中，把自己設定成文藝愛情劇中的主角，最好每天都有風花雪月的夢幻劇情發生，是一個講求感覺、排斥現實的人，在一輩子的生命裡，作白日夢的時間就佔掉了一大半。

A 型雙魚曖昧不明的性格，特別容易引起愛情糾紛，一下子說是這個人自作多情，一下子又說是那個人緊追不放，其實，所有問題的關鍵都在自己，如果不能停止亂放電或不懂得慧劍斬情絲，日後要收拾的愛情爛攤子應該會多到數不完。

A 型雙魚具有悲天憫人的胸懷，以及永遠用

不完的愛心和同情心，特別照顧貧苦弱勢者，不勢利，也不攀附權貴，是一個心地柔軟且願意無條件付出的人，適合投入於公益慈善團體。

A型雙魚容易把心思放在不開心的事情上，抑鬱悲情，動不動就往壞處想，其實問題根本沒那麼糟，只是杞人憂天、自己嚇自己，應該多接觸樂觀積極的朋友，轉移注意力，才能一步步迎向開闊的人生。

Ａ型雙魚之最

✪ 最有愛心

✪ 最柔軟

✪ 最浪漫

✪ 最容易傷感

B型雙魚

雙魚生性被動，再加上很擔心自己會說錯話或做錯事，所以絕少主動提出想法和意見，只是努力地配合著他人、跟隨別人腳步，遇到問題待解決時，乾脆來個完全沒意見，做一個聽候指示的人，樂得輕鬆；B型積極主動、懂得爭取，尤其碰到千載難逢的好機會時，更顯衝勁十足，掌控人生的能力極強。

雙魚老是上演自欺欺人的戲碼，明明事實已出現危機，但因為害怕獨自面對，且不想承擔責任，就用不實的夢囈之語來催眠自己，以為這樣就能安然無恙，但結果卻往往要付出更大的代價，得不償失；B型無論面對什麼樣的狀況，永遠表現得一派輕鬆，總覺得船到橋頭自然直，不必費心預設立場，只要伺機而動，令人滿意的結果自然會出現。

雙魚和 B 型的持續力都不怎麼樣，每次還沒出到半點力氣，也沒看到任何成績，就先喊累、喊辛苦，擺明只想坐享成果，卻不願付出。不過，雙魚不愛動腦的習性，倒是受了 B 型機智、反應快速的特質影響，變得活躍許多，不再只是死氣沉沉。

B 型雙魚十分害怕被限制，失去自由的感覺就像生活在沒有空氣的地方一樣，讓人覺得窒息，雖然這樣的行事風格常為人詬病，也使得印象分數大打折扣，但 B 型雙魚卻不以為意，一心只想求得精神上的舒適自在，對於他人的意見則聽而不聞。

不分貧富貴賤，B 型雙魚皆一視同仁，與世俗評價一個人時的標準不同，只要對方沒有惡意、不刻意表現冷酷，都有機會成為好朋友，一起分享所有的喜怒哀樂，是一個永遠敞開心胸的真誠之人。

B 型雙魚習慣用說謊來逃避責任，只要一遇到麻煩或可能造成困擾的問題，立刻編纂一個虛擬情境，把大家騙得團團轉，為的就是想讓自己脫身，趕緊撇得一乾二淨，才能無事一身輕。

B 型雙魚不僅容易結交朋友，而且交到壞朋友的機率極高，因為每每在歡樂愉悅的氣氛之下，老是忘了對人保持適度的懷疑和審視，以致於一不小心就誤交損友，悔恨不及。

B 型雙魚之最

✪ 最怕壓力

✪ 最具親和力

✪ 最愛說謊

✪ 最曖昧

O型雙魚

雙魚溫暖多情，習慣採低姿態混在人群裡，只做無傷大雅、可愛純真的白日夢，不做攻向山頂、傲視群雄的春秋大夢，沒什麼企圖心，只想當一隻悠游自在的魚兒；O型作風強硬、衝動、急躁，一旦決定目標，便頭也不回地往前直奔，一路披荊斬棘，天不怕、地不怕，非要闖出一番成績不可，十分固執、務實，而且有自信。

雙魚鮮少對人產生懷疑，即使有些時候證據確鑿、態勢明顯，仍然半信半疑，是一個不會和別人計較、不胡亂猜疑的人，相處起來，讓人覺得舒服窩心；O型大器、大方、大刺刺，從來不去注意他人的小動作或小心機，總覺得憑著自己的浩然正氣，一定能敵過小人作崇，所以根本不想花心思去猜忌，一生光明磊落、坦蕩正直。

雙魚缺乏判斷力，這個人說東，聽起來好像是真的，那個人說西，感覺似乎也沒錯，老是在他人的言論與指示之間搖擺晃盪，沒有自己的想法，但還好這些特質遇到堅定、明辨善惡的 O 型之後，有了極大轉變，不再隨風飄搖，想法也漸漸顯出雛形。

　　O 型雙魚不怕事情多，但是很怕事情全部擠在一起，或被規定要在限時之內完成多少任務，這樣的要求會讓 O 型雙魚很崩潰，原本或許可以表現出九十分的水準，一旦壓力置頂、限制纏身，立刻實力頓失，甚至寧願完全放棄，以求精神的舒坦自在。

　　O 型雙魚同時具備單純可愛與得體大方的特質，在群體中十分受歡迎，雖然也有一些性格上的缺點，但因為與人為善和善解人意的優點，實在表現搶眼，使得 O 型雙魚廣受好評，人緣極佳。

O 型雙魚經常忘東忘西，不管多重要的事、別人耳提面命了多少遍，還是一轉頭就把事情的重點，或必須完成的任務拋諸腦後，實在很難被信任，更沒有能力擔當重任。

O 型雙魚喜歡生活在人群裡，毫無保留地把自己的情緒與大家分享，或許可能因此受騙、受傷，但只要有幾次溫暖甜美的經驗，就足以支撐 O 型雙魚繼續勇敢地接觸人群，熱忱不變、深情不悔。

O 型雙魚之最

- ✪ 最迷糊
- ✪ 最具吸引力
- ✪ 最愛幫助別人
- ✪ 最衝突

 **AB 型雙魚**

　　雙魚擁有無人能敵的藝術天分，身體裡布滿藝術細胞，全身散發藝術氣息，看到一朵雲可以做成一首詩，聽到幾個音調可以編成一首歌，感覺到一種情緒可以畫成一幅畫，藝術在生活裡無所不在；AB 型資質聰穎，性格極端，一下子就能學得一項技能，也很快就能看穿一個人的心思，可同時兼顧精神面與物質面的重點，才華過人。

　　雙魚的第六感很強，雖然無法作具體描述，但只要跟著直覺走，結果總是八九不離十，唯一要小心的是不可過於貪戀這方面的能量，避免濫用、亂用，否則最後受傷最重的反而是自己；AB 型敏感、善變、心機多，總是會注意一些別人想不到的小地方，從中下手，贏得先機，是一個做事有計畫、想法靈活的人。

雙魚沒什麼危機意識，都已經身陷險境了，還以為只是一時的小狀況，糊里糊塗、混沌不清，但還好的是，精明能幹、急智敏捷的 AB 型，沖淡了不少這部分的特質，讓問題獲得些許緩解。

　　只要和好聽、美麗愉悅、令人陶醉、高精神層次等相關的事物，AB 型雙魚皆能展現非凡的天賦，令人驚嘆不已。對於這項與生俱來的能力，AB 型雙魚顯然非常享受，也不負眾望地將它演繹得圓滿美好、恰如其分，果然是天生的藝術家。

　　AB 型雙魚就好像是四個身心靈的組合，有時方向統一，有時背道而馳，有時聯手出擊，有時各自為政，其中交錯複雜的心情，實非一般人所能理解，也因此 AB 型雙魚總是顯得比較情緒化，大哭大笑、大喜大悲，自己都無法掌控得宜。

　　不按牌理出牌的 AB 型雙魚，雖不至於用激烈的手段，強硬爭取自己想過的生活，但也不會成

為守規矩的乖乖牌，整個人呈現一種外表消極抵抗、內心積極擴大自我能量的詭異現象，很少從嘴裡蹦出反對式的用語，但實際表現卻我行我素，不受世俗標準的牽制影響。

AB 型雙魚的思緒永遠飄飄盪盪、游移不定，沒有安靜下來的一刻，雖然感覺很辛苦，但也是造就無與倫比的藝術天賦的主因。

AB 型雙魚之最

☆ 最有感應力

☆ 最情緒不定

☆ 最愛胡思亂想

☆ 最有藝術天分

12 星座最怕哪些事？

牡羊 最怕沒搶到第一，最怕依賴別人，最怕無聊。

金牛 最怕變動，最怕沒有美食，最怕沒錢。

雙子 最怕資訊落後別人，最怕一成不變，最怕拖太久。

巨蟹 最怕沒依靠，最怕冒險，最怕緊急狀況。

獅子 最怕沒面子，最怕安靜，最怕冷清。

處女 最怕失序，最怕髒亂，最怕被指責。

天秤 最怕沒朋友，最怕沒人陪，最怕失態。

天蠍　最怕沒隱私，最怕沒權威，最怕被背叛。

射手　最怕給承諾，最怕被限制，最怕愛計較。

摩羯　最怕速度太快，最怕不受尊重，最怕不確定。

水瓶　最怕沒自由，最怕守舊，最怕太感性。

雙魚　最怕壓力，最怕被規定，最怕被要求負責任。

PART 3

雙魚與各星座的美味關係

當雙魚與各個星座碰在一起，

會產生什麼化學變化，

能變出什麼美妙的人生滋味呢？

你也來嘗嘗吧！

 雙魚 VS 牡羊

關係指數 ★★★

特調滋味 甜中帶苦

秘密武器 各退一步

　　牡羊心中坦蕩，無愧天地，做人做事光明磊落，天不怕地不怕，把冒險犯難當成一種體驗人生的享受，對於貧乏單調的恐懼更甚於受傷挫敗，不願用循規蹈矩來換取安全，寧可接受挑戰、對抗強權，非要把自己弄得渾身是傷，才覺得符合熱情勇敢的英雄主義。

　　每每面對一件事，從決定、執行到結束，只能用風馳電行來形容，急得不得了，屬於趕死人不償命的衝動派。好奇心強，對自己有興趣的事物，全心投入、全力以赴，反之，則絕不勉強自

己，甚至連正眼瞧一眼都懶得，對於喜惡的反應很極端。

企圖心強，信心滿滿，凡事都想搶第一、拔頭籌，相信只要是自己想得到的，一定能達陣成功，沒有輸的理由，只有贏的希望，隨時隨地抱持的信念都是積極樂觀和永不言敗。

雙魚永遠是想的比做的多、悲觀的情緒比樂觀的情緒濃、哀嘆的時間比大笑的時間長，每天都有擔心不完的事，有關自己的、別人的、動物的、花草的……煩惱如滔滔江河，沒完沒了。而牡羊則是一個對憂心之事極為無感的人，只要一點好笑好玩的事就能快樂一整天，但遇到大麻煩或大困難，不僅悲傷氣惱不到三秒，而且還可能愈挫愈勇，企圖來個勇士力震山河地大翻盤。

雙魚和又快又急的牡羊相處，會有一種又敬又怕的壓迫感，牡羊和又慢又膽小的雙魚相處，

會有一種又氣又憐的複雜感。其實，只要雙魚一直採取柔情弱勢的姿態，就會激起牡羊的英雄氣慨，嘴裡雖罵著，但行動上卻能給予雙魚最強力的保護與支持，也算搭配合宜。

◇ 如何調出兩人的美味關係？

對方的長處是自己缺乏而且羨慕的，對方的短處是自己獨有而且有能力幫助對方改善的，彼此的關係就好像優缺點互補的組合。剛開始相處時，可能因為性格的差異而有所保留或顯得尷尬，但只要一方願意先卸下防衛的面具，拿出具體的誠意來，兩人之間立刻多了一座用溫暖和真誠造成的友誼橋樑，從此相輔相成、愉快融洽。

 **雙魚 VS 金牛**

關係指數 ★★★

特調滋味 平淡無奇

秘密武器 各司其職

    金牛喜歡看得到、摸得到的具體實物，因為真實的擁有能帶來安全感，不必為虛幻或充滿變數的未知空等，已經握在手上的才算得上是資產。做人可靠，做事穩重，待人和善客氣，對自己的技能和才華有信心，但不會喧嚷自誇，強調以實績服人。

    動作緩慢，按部就班，重視計畫，一旦處於快速多變的狀態，會有幾近心臟病發的不適感，對於周遭一切變化完全來不及消化和反應，容易造成沮喪和挫敗感。觀念保守，思想刻板，不敢

冒險，也不想嘗鮮，覺得規律安穩的生活即是最大的快樂。

喜歡吃美食和具美感的事物，平時節儉成性，每花一分錢都要再三斟酌，但會為一次豐盛的大餐或一件嚮往已久的昂貴物品實行存錢計畫，只要一存夠錢，便毫不猶豫地買下，享受自給自足的踏實感。

雙魚一向走浪漫幻想路線，嘴裡說的是夢話、腦裡想的是夢境、行為的表現是夢遊，整個人輕飄飄的，沒有真實感，對於抽象的、形而上的感覺很在行，但一說到具體計畫和實踐，則完全沒轍。金牛是標準的務實派，有幾分把握就做幾分事，從不空說胡想，雖然本身能發揮的強項有限、隨機應變的能力不足，但願意盡最大的努力去克服困難，是一個默默耕耘、腳踏實地的人。

當雙魚正開心地造夢、說理想時，金牛立刻

舉牌表示不贊同，而當金牛謹慎詳細地述說著計畫時，雙魚早已神遊他方，完全無法進入狀況。雙魚認為金牛缺乏想像力，金牛覺得雙魚不食人間煙火，兩人之間沒有可行走的橋樑，根本無法連結。

◈ 如何調出兩人的美味關係？

從外表看來，兩人喜歡的事物和行事的風格似乎不完全相同，但若仔細研究分析，就會發現根本是殊途同歸的同路人。兩人不但有著極大部分的相似特質，而且還有共同的習性和興趣，如果能時常彼此分憂、分擔、分享，便可讓原有的優點發揮得淋漓盡致，且對於增長見識和改善缺點亦有莫大助益。

 **雙魚 vs 雙子**

關係指數 ★★

特調滋味 清淡無味

秘密武器 挖掘優點

　　雙子的想法千變萬化，手腳爽利明快，全身細胞永遠都處在活躍跳動的狀態，就連睡覺做夢都能想出令人拍案叫絕的新點子，生活有趣精彩。辯才無礙，善於交際，什麼話題都能聊，什麼人都能相處融洽，但大多口頭之交，對於累積情誼並沒有幫助。

　　對於訊息的蒐集、處理和傳遞能力，無人能及，好聽的說法是人人崇羨的資訊達人，但較貼近事實的稱號應該是唯恐天下不亂的八卦王，整天穿梭在如槍林彈雨的大小資訊之間，不但不覺

得紛亂煩擾，反而有一種蓬勃生動的趣味，不亦樂乎。

遇到該負責任時，不是插科打諢混過去，就是用裝死的方式逃避，不是一個有承擔力的人。做事只有三分鐘熱度，過了興頭就棄置一旁，也不管完成程度如何，很難老老實實地做好一項任務。

雙魚的思考不易聚焦，常出現說話和做事沒重點的情形，需要有人在一旁輔助，才能具體完成一項任務，有時候，雙魚會因為內心想法太複雜而表達不清，以致於造成他人的誤解，或影響了最後的結果。雙子的想法多、反應靈敏、行動快速，喜歡同時進行好幾件事，或一次解決多個問題，不過，這麼做的目的並非為了追求效率，只是想要享受聰明才智與速度有效結合後的過癮感覺。

當雙魚還在嗯嗯啊啊地猶豫著該選哪一個較好時，沒耐心的雙子早就消失得無影無蹤，懶得知道雙魚究竟要給出什麼樣的答案，而當雙子用理性、不帶感情的方式安慰正面臨困境的雙魚時，雙魚的挫折感總是變得更深更大，兩人既沒有共識，也沒有共同語言，關係維繫不易。

◈ 如何調出兩人的美味關係？

一個要往東，另一個就想往西，一個覺得美妙開心，另一個就嗤之以鼻，兩人來自不同的世界，話不投機、水火不容，不管從哪個角度切入都無法找到共同點，若硬要湊在一起，只會消耗彼此的時間和精力，並留下一堆歇斯底里的怨言。倒不如學著尊重對方，你走你的陽關道，我過我的獨木橋，不強求，也不期待，彼此會過得更快樂。

 雙魚 VS 巨蟹

關係指數 ★★★★★

特調滋味 鮮甜入味

秘密武器 相輔相成

　　巨蟹在這世上最愛的、最想照顧的就是自己的家人、族人、同類人，只要能扯上關係或有共同之處，便掏心掏肺、犧牲奉獻，而且完全不求回報，是一個寬大為懷、溫厚親切的人，不過，容易膽怯畏縮，也沒什麼主見，經常處於猶豫不決的狀態。

　　生性敏感，尤其對於人情世故的細微變化，更是感知深刻，很會看人臉色，但卻不懂得排解情緒，再加上習慣以悲觀負面的角度來解讀事情，以致於常自陷憂傷可憐的氣氛之中，難以自拔。

面對不合理或不舒服的情況時，總是不自覺地壓抑情緒，等到忍無可忍時，才整個大爆發，猶如突然投下一顆原子彈，讓人感覺情緒反應十分兩極。理財觀念強，不僅精打細算，而且懂得對收入和支出做完善規畫，絕不會發生寅吃卯糧的慘劇。

　　雙魚的情感特別豐沛，有時是喜極而泣，有時是委屈痛哭，常因為他人的一句話、一個小動作或一個畫面就淚水汪汪，所以，容易被貼上愛哭、情緒化、軟弱的標籤。但對於雙魚的表現，巨蟹倒頗有同是天涯淪落人的感觸，因為巨蟹也是多情、敏感、細膩的代表人物之一，和雙魚的關係有點像難兄難弟，所以完全能體會雙魚被批評時的心情，兩人常常在這個充滿危機的時候相互扶持和鼓勵。

　　雙魚單純天真，耳根子又軟，對於是非對錯的判斷力很差，所以需要具有防衛心的巨蟹幫忙

過濾訊息，並提供真誠的建議，而巨蟹是一個心靈容易受傷的人，如果有雙魚隨側在旁加油打氣，就會覺得特別安心舒坦，可見，兩人的搭配既溫暖融洽，而且契合無比。

◇ 如何調出兩人的美味關係？

兩人的契合度是百分百，一方只要眨眨眼，另一方就知道意思，是靈魂伴侶，也是精神支柱，更是可以同甘苦共患難的知心好友，不必多說就能心領神會，無論在一起做什麼都覺得開心自在，而且理念和價值觀一致，即使偶爾發生意見分歧的狀況，也很快就能取得共識，並尋得解決之道，互動關係十分完美。

 # 雙魚 VS 獅子

關係指數 ★★★

特調滋味 清淡貧乏

秘密武器 真心誠意

　　獅子把自己定位成一個君臨天下的王者，所以喜歡指揮別人、習慣發號施令、重視排場、講究氣氛，無論出現在什麼場合，一定要成為最閃亮的那個顆星，炫目華麗且光芒四射，若有人膽敢對君威不敬或對君命不從，必以威猛狂嘯的獅吼功伺候，非要對方懾服不可。

　　熱情樂觀，正直誠懇，魅力十足，在群體中能發揮以正面能量感染他人的效果，即便自己遇到煩惱或傷心的事，仍願意伸出援手去幫助別人。具創造力和戲劇天分，樂於將自己心裡真實的想

法，藉由創意和表演與人分享，沒心機，不計較，
更無害人之心。

　　因為自命不凡，所以驕傲自大、霸道武斷，
因為自封為王，所以不容異己、重權要勢，而且
脾氣特別大，為所欲為，只要有人不小心犯了忌
諱，就大動肝火，容易讓人留下喜怒無常的印象。

　　雙魚是一個不折不扣的弱者，不僅外界的觀
感如此，雙魚自己也從不否認。平時，雙魚在靜
謐的大海裡活動，悠然自得、開心自在，可是，
一旦風雲變色、狂風暴雨，雙魚立刻驚嚇得不知
所措，既不懂得冷靜，也沒有求生的應對策略，
只好祈禱奇蹟出現。獅子向來膽識過人、勇氣十
足，尤其在遇到突發狀況或艱難困境時，特別能
展現指揮若定的領導天賦，幫助自己也帶領大家
度過難關。

　　雙魚覺得跟在熱情勇敢的獅子身邊，讓人十

分安心，但獅子終究是個王者，可能一個不順眼或不順心就大發雷霆，把所有人嚇得噤若寒蟬，喜怒不易捉摸，所以，長久相處下來，獅子勢必受不了雙魚的黏膩，雙魚也應付不了獅子的情緒，彼此都沒有得利，反而兩敗俱傷。

◇ **如何調出兩人的美味關係？**

即使對方什麼都沒做，也沒礙到誰，但彼此對對方都有一種說不出個所以然的反感，只是還不到針鋒相對的地步，不會在檯面上把自己心裡真正的想法全盤托出，尚為對方保留一些面子，也為自己留些餘地。道不同不相為謀，既然不適合湊在一塊兒，就不應該勉強，只要各司其職，把該做的事做好，井水不犯河水，自然也就皆大歡喜了。

 雙魚 vs 處女

關係指數 ★★

特調滋味 甜鹹不調

秘密武器 相互包容

　　處女的分析能力和組織能力皆高人一等，不管面對再怎麼混亂雜錯的狀況，都能在最短的時間內理出一個清楚明確的頭緒，以及讓所有人都覺得滿意的結果，勤奮努力，堪稱處事高手、效率達人。

　　精密有序是基本要求，確實負責是中心思想，完美無瑕是必達標準，即使因此必須過著嚴謹忙碌的生活，亦覺得開心充實，毫無怨言。雖然，表面看起來是一個事事實際、利益分明的人，其實具有高度熱忱，樂於為需要幫助的人提供服務。

自己嚴守紀律，也強迫別人跟著遵循，看什麼事都不順眼，愛批評、愛挑剔，整天嘮嘮叨叨、碎唸不停，讓旁人大呼吃不消。在人前的表現總是謙遜有禮、不爭不搶，但在人後的真實面目卻是錙銖必較，手上不僅握緊了箭，同時也備好了盾，可攻可守，絕不吃虧。

雙魚不管做人還是做事，都沒有清楚的界線和明確的時間表，總是等著別人提出方法，自己再跟著後面走或依樣畫葫蘆，充分顯現雙魚因為沒自信而表現出的畏縮退讓。處女事事精確、樣樣精煉，非要把所有步驟都設定好了才肯真正踏出第一步，絕不冒險，而且還常為了提高效率，精密地研究、規畫每個細節，是一個說到做到、負責任、自我要求極高、從不讓別人擔心的人。

雙魚本來在大海裡悠然自在、快樂似神仙，但一遇到處女，立刻被以必須學習適應不同環境、克服困難、處理危機之名，限制在早已將水溫、

生態、任務設定好的水池裡，動彈不得。雙魚的尺度很寬鬆，處女的要求很嚴謹，總是一個追、一個逃，雙方都倍感辛苦。

◈ 如何調出兩人的美味關係？

雙方的關係是既衝突矛盾，又掙扎拉扯，好像只要兩人同時存在一個空間裡，氣氛就變得不對勁，不是雞飛狗跳，就是僵持不下。其實，彼此的狀態就像蹺蹺板，一邊高的時候，另一邊就必須低，相互配合才能和諧，如果硬要都爭高或都搶低，下場當然很慘烈，還不如先談妥搭配的方式，並從禮讓和瞭解對方做起，一定可以慢慢地漸入佳境。

雙魚 VS 天秤

關係指數 ★★★

特調滋味 平淡無奇

秘密武器 各司其職

　　天秤很在意平衡的問題，左邊是十公斤，右邊也要是十公斤，左邊放了一朵花，右邊也要放一朵花……只要一看到左右不對稱，就覺得渾身不舒服，非要想辦法改善，直到合乎公平公正的標準為止。

　　為人客氣溫和，與人相處融洽，喜歡愉悅舒服的氣氛，所以總是盡其所能地避免爭端是非；當問題的關鍵人是自己時，委曲求全、以和為貴，當問題出在他人身上時，則自願擔任居中協調者，為的就是能大事化小、小事化無，大家和睦愉快

沒紛爭。

注重形象，氣質出眾，親和力與溝通力特別好，活躍於各個人際社交圈，擁有迷人又知性的公關魅力。浪漫的理想主義者，紙上談兵的功力遠遠超過真槍實彈的實戰經驗，再加上愛享樂、不愛工作的習性，容易給人安逸懶散、光說不練的印象。

雙魚喜歡胡思亂想，而且精神不易集中，常常人在東邊，但意識已經飛到西邊，甚至到處雲遊四海去了，不夠專心、投入，間接影響到人際關係。天秤非常注重人際經營，無論是花心思打扮、培養氣質，或是為他人居中協調而四處奔走，最主要的目的都在展現自己的社交能力，以及建立完整的人脈網絡。顯然，雙魚和天秤的基本性格，深深左右了兩人在社會觀感與社交人際上的表現結果。

雙魚和天秤都給人一種親切溫和的舒服感，絕不會有尖銳高壓或冷漠傲慢的負面印象，因此，即使兩人各有不同的觀點和做事方法，也不會發生任何衝突，只是客氣地互動著、平和地溝通著，不管最後有沒有具體結論，總之，就是不要有爭端，平靜和氣才是彼此的重點。

◈ 如何調出兩人的美味關係？

對於對方的神情態度與處事風格，十分不以為然，甚至鄙視不屑，總覺得自己什麼都比對方好，只要有一方說一句話或做一個動作，另一方立刻就表現出不耐煩、不苟同的嘴臉，互看不順眼。但是，冤冤相報何時了，這時候反而應該用更多的愛與耐心，包容對方，檢討自己，才有可能化干戈為玉帛，轉負為正，創造雙贏的局面。

 **雙魚 VS 天蠍**

關係指數 ★★★★★

特調滋味 鮮甜入味

秘密武器 相輔相成

　　天蠍因為精明幹練、執著專注，所以被人視為不好惹的狠角色，又因為嫉惡如仇、報復心強，而被當作可怕的冷血者，在群體之中，就像一個天生的絕緣體，凡人不敢靠近、常人避免接觸，大家都躲得遠遠的，深怕一不小心就成了毒螫下的祭品。

　　外表看起來冷酷幽暗、默不作聲，其實是一個外冷內熱、用情至深的人，全身散發神祕的吸引力，一旦決定付出，就難以收回，而且要求對方同等投入，否則玉石俱焚；無法忍受被背叛，

占有欲極強。

具有如偵探般敏銳的直覺和洞察力，能一眼看穿對方心裡的真實想法，主觀意識強烈，對於追求真相和揭發內幕特別感興趣。善用謀略，執行力強，勇於克服困難，不輕易被挫折打倒，說到做到，絕不含糊其事或打馬虎眼，極具競爭力。

雙魚和天蠍乍看之下，似乎是兩個完全不同的個體，因為雙魚柔軟、溫暖、膽怯、善良、天真、曖昧，天蠍冷酷、大膽、強烈、權謀、專心、堅定，大多數人都認為雙魚是一個容易出錯，但脾氣溫和且好相處的人，而覺得天蠍是一個謹嚴縝密，心機重且具報復力的難搞之人，性格特質迥異，形象認知也大不同。

然而，當雙魚遇到天蠍竟擦出了令人驚喜的火花！雙魚和天蠍都是敏感、直覺極強，且對神祕學有高度興趣與天分的人，雙魚認為大家對天

蠍有許多誤解，還不時找機會幫天蠍說話或平反，
而天蠍則能感受到雙魚百分之百的誠意，所以願
意卸下心防來，與雙魚共同經營這段可貴的友誼，
長長久久，真心相挺。

◇ 如何調出兩人的美味關係？

　　彼此之間存在著一種無法用言語形容，且旁
人無法理解的高度默契，習於心靈交流與精神互
動的模式，同樣有悲觀的傾向、同樣擁有敏銳的
直覺和感受力、同樣對玄學和神祕學有興趣，同
樣懂得用最深情的力量感動和鼓勵對方。不過，
當兩人感情好的時候如膠似漆，若一旦發生爭執
或誤解，也會特別嚴重，需要更多的愛和時間才
能化解。

雙魚 VS 射手

關係指數 ★★

特調滋味 甘苦交混

秘密武器 尊重對方

　　射手就像讓人心情大好的暖陽、可治百病的笑聲、充滿希望的正向能量，一切變得如此美好，是一個人人都想接近和學習的對象。喜歡接觸新事物，經常旅行，結交各領域的朋友，富哲學思考，同時具有行動力和實踐力，所以智慧過人、知識廣博。

　　不受框架的侷限，不理會制度的規範，熱愛自由，奔放開闊，即使付出的代價是不斷地被騙、被傷害，亦無所謂，依然樂觀開朗，勇敢冒險，為的就是尋找別人一輩子也到不了的奇境聖地。

口沒遮攔、快人快語，往往刺傷了對方的心卻毫無知覺，老是顧著自己開心，卻忘了替別人著想。過於理想化，還沒想清楚得失利弊就直接衝出去，十次有九次都以傷痕累累收場。說話誇大，動作誇張，又害怕承諾，特別容易給人留下不牢靠的負面印象。

雙魚對於具體、條列、有規範的事物或環境，有一種莫名的排斥感和不適應感，往往費了很大的力氣，仍無法理解、投入，導致在現實生活中，常因為遲到、搞錯、忘記、遺漏等問題，被他人批評指責，而使得自己十分難過沮喪。然而，射手也不喜歡遵守規則，也常忘東忘西或狀況外，但射手卻不會因為他人的言論而使心情受影響，總是左耳進右耳出，馬上就能跳到另一個歡樂的情境，把不愉快瞬間拋向腦後。

雙魚和射手有共同的性格特質，同時也都是對宗教、心靈成長、潛能開發等主題有高度興趣

的人，只是雙魚的猶豫和慢速，容易讓一向講求速度感、停不下來的射手變得更沒耐心，所以，彼此倒不如保持適當距離，反而能讓關係維持得更美好、更長久。

◇ 如何調出兩人的美味關係？

基本上，兩人的性格差異是不小的，不是快與慢、熱與冷的組合，就是動與靜、攻與守的搭配，很難被放在同一個天秤比較，也極少被拿來一起配對。但其實雙方還是有一兩個相似之處，暗暗地支撐著彼此的友誼架構，只要一方肯用心發掘，並將自己的想法誠懇地表達出來，很快就能打破藩籬，建立良好新關係。

 ## 雙魚 VS 摩羯

關係指數 ★★★

特調滋味 平淡無奇

秘密武器 各司其職

摩羯喜歡遵循古法、重視禮教、實力雄厚，而且特別強調安全，凡事只要可能承受風險，哪怕只是小得微不足道，談不上任何威脅，一樣會斷然拒絕，是一個不折不扣的老頑固、老長官、老學究。

一生之中有百分之九十的時間都用在工作上，除了真實的工作時間比一般人長許多之外，連休息、甚至睡覺都在想與工作有關的事，是大家公認的工作狂，生活規律而缺乏變化，刻板而不懂情趣，成熟而過於嚴肅拘謹，認真可靠而沒有意

外的驚喜。

深沉內斂，情感壓抑，有點悲觀傾向，但意志力和執行力十分驚人，一旦確定目標就不會改變，持續穩定地前行，雖然速度不快，但是步步走得踏實，再加上絕佳的領導力與組織力，往往能成為跌破大家眼鏡、最後坐上成功者寶座的人。

雙魚覺得自己描述的是一個未來可能達到的理想境界，而非大家認為的虛幻夢境，但這一切在摩羯的觀念裡，全都是癡人說夢，毫無建設性可言，當摩羯質詢雙魚要如何達成理想時，雙魚覺得時間太緊迫，一時還無法有具體的計畫，當摩羯要求雙魚提出主要的概念時，雙魚只能分別描繪不同的情境，卻無法整合成一個主題，而這也就是雙魚和摩羯的最大不同，前者築夢不踏實，後者不築夢，但絕對務實。

雙魚的藝術天分驚人，能寫出最動人的文字、

畫出最感人的圖像，這些都是摩羯望塵莫及的，
而摩羯精密的規畫力與高效率的執行力，則是雙
魚怎麼樣也學不會的，兩人並非對對方全盤否定，
只是無法在雙方的落差之間找到平衡點，若刻意
拉近距離，恐怕只會招來反效果。

◈ 如何調出兩人的美味關係？

　　彼此之間存在著一股莫名的吸引力，但卻不
十分強烈，清清淡淡、輕輕盈盈，相處的時候，
感覺愉悅自在，不相處的時候，也不會特別想念，
像是一種相互欣賞但不親密的隨緣感覺。其實，
雙方各有優點，倒是缺點的部分比較類似，所以
特別需要相互提醒、規勸，把對方當成明鏡，隨
時修正自己的缺失，才能共同進步提升。

雙魚 VS 水瓶

關係指數 ★★★

特調滋味 苦中帶酸

秘密武器 親疏分明

　　水瓶忽遠忽近、忽淡忽濃、忽冷忽熱的詭異性格，總是得到兩種極端的評價，那些熟識的麻吉好友，異口同聲說這就是不矯揉造作、自然泰若的真性情表現，而那些初次見面的陌生人，則破口大罵：「不懂地球遊戲規則的外星人，有什麼好跩的啊！」

　　獨立創新，冷漠主觀，叛逆孤僻，以致於在群體中顯得格格不入，常常冷不防地就躲進只有自己瞭解的世界，與世隔絕，不想理人，也不想被理。其實，內心裡深藏著博愛、為人類服務的

高度理想，只是懶得解釋，覺得時機到了，該懂得的人就會懂得，不需多費唇舌。

雖然才華洋溢，但不刻意外露，雖然具備賺大錢的能力，仍淡泊名利，一生最怕的事就是失去自由，寧願當一個餓著肚子卻滿懷理想的自由鬥士，也不願成為口袋滿滿卻綁手綁腳的大富豪。

雙魚喜歡自由，水瓶也喜歡自由，不過，兩人對自由的定義與強度卻不盡相同。雙魚生活在浩瀚無垠的大海裡，悠然自得、如夢似幻，既沒有壓力，也沒煩惱，彷若在天堂一般，但是對水瓶而言，自由就像空氣一樣，不自由、毋寧死，便是最貼切的形容，水瓶會為了自由而革命、抗爭，因為水瓶要的是真實的自由，但雙魚不會爭取、也不敢抗議，因為雙魚要的其實只是一種虛幻的感覺，這就是兩人最大的差別。

當雙魚還在懵懂渾沌時，水瓶早就以過人的

智慧完成所有任務；當雙魚還在為了明天會發生什麼令人驚喜的際遇做白日夢時，水瓶已經在腦子產生無數可行的創意，準備造福人群了。看來，雙魚和水瓶的步調不僅不一致，而且還隔著數光年之遙的遠距離呢！

◈ 如何調出兩人的美味關係？

　　一個是急性子，一個是慢郎中，兩人的關係並非絕對的對立，相互干擾與相互協助的部分也不大，就像曾經打過照面，但彼此不熟，只是各自過著生活的鄰居。既然雙方之間有本質的差異，就要學著尊重對方的想法和做法，一方不可強勢的要求，另一方也不需以弱勢自居，否則久了一定會爆發難以想像的問題，倒不如平時就建立平等的觀念，自然就可相安無事地繼續相處下去。

 **雙魚 vs 雙魚**

關係指數 ★★★★★

特調滋味 厚實濃烈

秘密武器 福禍與共

　　雙魚愛上的是一種感覺，一種迷濛夢幻的感覺，一種無法具體描述，但卻使人無限依戀的感覺，那是精神層次的追求、心靈寄託的依歸，只有遠離複雜刺激、針鋒相對、物欲橫生的陸地，回到溫暖柔軟的廣闊海洋，才能放心地悠遊，感受前所未有的舒適安全。

　　天真浪漫，單純脫俗，慈悲體貼，特別同情貧苦弱勢的可憐人，即使自己只剩一碗飯，也會毫不考慮地先給最需要的人吃，然後再一邊忍受飢餓、一邊尋求更多援助，是一個善良又寬厚

的人。

　　喜歡逃避，自制力弱，缺乏判斷力，容易受騙或受誘惑，而且一旦陷入深淵就很難自拔，經常遊走在善與惡的交界。直覺、潛意識、玄學、神祕學等靈性方面的啟發能力極強，藝術天賦高，在音樂、戲劇、寫作、舞蹈等方面的表現優異，令人讚嘆佩服。

　　雙魚就像一個全身裝滿感應器的軟體動物，只要外界稍有動靜，立刻感覺恐懼和不舒服，尤其當不知明的物體靠近或碰觸時，更會把雙魚嚇得魂飛魄散、不知所措。所以，如果有同樣心地善良、溫暖柔軟的雙魚同伴陪在身旁時，無疑是一種最讓人安心的狀態，沒有緊張不安，也沒有壓力負擔，只有彼此傾聽和鼓勵的溫馨畫面。

　　雖然，雙魚和善親切，而且配合度極高，但卻慣於逃避責任和自欺欺人。當事件進入倒數計

時，仍遍尋不到解決方案時，雙魚會乾脆拋下一切，假裝什麼事都不知道，即使心有愧疚、即使擔心日後會遭到報應，最後還是極有可能把所有棘手的問題，留給另一個同樣感到無助的雙魚去面對，來個不聽不聞不理。

◈ 如何調出兩人的美味關係？

你有的，對方也有，你缺的，對方也缺，兩個人就好像照鏡子一樣。感情好的時候麻吉得不得了，但是一言不合、起衝突時，嚴重性也會甚於其他人。其實，彼此對對方的心情是惺惺相惜的，不僅相互欣賞優點，也會為對方的弱點擔心，那麼，何不勇敢地表達出自己心裡真正的心意呢？兩人應該經常交換生活心得，多給予對方鼓勵，要說氣話之前先冷靜一會兒再溝通，即可避免無謂的爭端。

12 星座笑傲群星的過人特質

牡羊 行動力，勇敢，急躁，天真，自信。

金牛 節儉，耐力，固執，鑽牛角尖，穩重。

雙子 幽默，速度，機智，話多，八卦。

巨蟹 愛家，敏感細膩，懷舊，包容力，情緒化。

獅子 領導力，創造力，表演天分，自大，風度。

處女 責任感，批判，守規矩，挑剔，細心。

天秤 猶豫，社交力，愛美，和諧，善辯。

天蠍 心機，嫉惡如仇，吃醋，冷酷，神祕。

射手 愛玩，樂觀，熱情，誇張，神經大條。

摩羯 事業心，執行力，堅持力，嚴肅，認真。

水瓶 創意，搞怪，博愛，理性，好學。

雙魚 浪漫，胡思亂想，心軟，逃避，藝術天分。

PART 4

雙魚與各星座的愛情協奏曲

當雙魚與各個星座掉進愛的漩渦時，

怎麼做才能擁有一段讓人動心、覺得窩心、

感到開心的愛情呢？

這裡有祕技在此公開。

雙魚 love 牡羊

牡羊情人的脾氣爆點很低，一觸即發，稍有不對勁就大發雷霆，不鬧到滿城風雨絕不罷休，最好再來個對方被嚇到屁滾尿流的戲碼，那就更過癮了。不過還好的是，脾氣來得快、也去得急，才一轉眼，臭臉變笑臉，怒氣變笑聲，像疾風驟雨後的燦爛豔陽。

受不了欲迎還拒、半推半就的黏膩感，一旦有了愛情的感覺，二話不說，立刻化身為愛的戰神，全力發動攻勢，誓言用最短的時間擄獲對方的心；當愛的感覺消失時，亦是直來直往，無法忍受拐彎抹角、冷嘲熱諷，有什麼不爽快就大剌剌地說出來，直接給雙方一個痛快。

喜歡征服的勝利感、喜歡在愛情關係裡占上風、喜歡對方崇拜自己的眼神，討厭不說話的冷

戰、討厭對方在眾人面前不給面子、討厭對方死纏爛打，愛情字典裡沒有羞赧曖昧，只有清楚明白的要或不要。

雙魚的柔、順、親、媚，是牡羊進入不了的世界，而牡羊的信、勇、快、放，也是雙魚無法瞭解的。當雙魚示好般的撒嬌，牡羊或許會一時被軟化，硬著頭皮配合雙魚做一些實現度極低的浪漫幻想，或是許一些天長地久的承諾，但是很快地，牡羊便會對只懂得以弱者姿態博取同情的雙魚生膩，並對自己的行為舉止生厭，好感度立刻驟降，決定在最短的時間畫清界線，從此毫無瓜葛。

而雙魚也開始感受到牡羊越來越沒耐心的火爆脾氣，以及漸行漸遠的愛意，在幾番懇求、折磨後，雙魚也只好選擇放手，因為愛情終究不是單方面願意就行了，還是各自另覓合得來的情人，才會幸福快樂。

◈ 如何吹奏兩人的愛情協奏曲？

彼此雖然生活領域不同，基本特質亦有差異，但卻因為並非全然的落差和衝突，反而有一種欣賞對方和想要向對方學習的心情。兩人時而以柔克剛或以強扶弱，時而以慢制快或以快帶慢，感覺真美妙。不過，可惜這美妙終究是短暫的，等到時間一久，最初因差異而產生的新鮮感漸淡，回歸原點，不契合的現象也就紛紛浮出檯面了。所以，兩人最佳的相處模式應該是遠觀而不褻玩，保持距離、以策安全。

讓牡羊動心的祕技 天真坦白，樂觀，不囉嗦。

讓牡羊窩心的禮物 玩具、運動用品、公仔、新上市的商品。

讓牡羊開心的場所 遊樂園、新奇的店、速食店、運動娛樂中心。

雙魚 love 金牛

金牛情人沒有搶取豪奪的氣勢，也沒有你死我活的狠勁，但卻有一千度的強烈占有欲，只要對方的眼神因為其他異性而稍微飄移、心思因為若有所思而小幅振盪，立刻醋勁大發，生悶氣、大聲甩門、拒絕親近等招術紛紛出籠，表示嚴重抗議。

喜歡吃美食、美麗的餐廳、有質感的禮物，只要營造具備這些元素的場景，兩人世界頓時如花團錦簇般夢幻美好，感情急速加溫。無論感情再怎麼長久、甜蜜，都不要牽扯到任何的金錢借貸關係，否則晴天馬上變雨天、熱情馬上變冷漠，千萬別挑戰節儉王的底線。

忠心誠懇，深情專注，執著持久，不玩愛情遊戲，一旦愛了就全力以赴，不僅心無旁騖地愛

著對方，而且早已偷偷計畫兩人的未來，相戀、結婚、生子、偕老……即使八字只有一撇，還是覺得開心滿足。

雙魚的愛很濃、很純、很真，就像從小在愛河裡長大的愛情子民，把愛情視為空氣、水和食物，一旦缺乏，便可能活不下去，全身細胞裡都裝滿了愛，隨時在找對象分享，同時也等著被所愛的人餵食。金牛的愛很踏實、很可靠、很堅定，不會隨便愛人，因為從決定投入的那一刻起，即全力以赴，而且絕對堅持到底。

乍看之下，雙魚的浪漫多情與金牛的務實忠貞似乎不太搭配，但其實兩人的契合度卻很高，因為雙魚的柔情能軟化金牛的固執，而金牛的負責能讓雙魚安心，所以，即使兩人之間沒有轟動震懾的火花，但以長遠來看，彼此一定可以成為對方滿意又無悔的選擇。

◇ 如何吹奏兩人的愛情協奏曲？

　　一開始的感覺很普通，沒有心花朵朵開的浪漫感，也沒有不屑鄙視的嫌惡感，就像一般朋友。但隨著時間地積累，慢慢日久生情，好感度逐漸增加，到最後甚至有越陳越香的態勢，算是滿契合的一對。所以，雙方相處的重要關鍵在於突破初識的生疏、猜忌、冷漠，只要成功進入互有好感的第一階段，之後就能一起登上愛之船，遨遊愛之海了。

讓金牛動心的祕技 可靠，幽默，有藝術品味。

讓金牛窩心的禮物 藝術品、珠寶、園藝用品、各式招待券。

讓金牛開心的場所 美麗與美食兼具的餐廳、藝術中心、郊外。

雙魚 love 雙子

　　雙子情人的愛情態度被大家貼上「花心」的標籤，但自己對這樣的評價卻不以為然，總覺得自己只不過是真實呈現人性多重愛欲的自然本性而已，大家實在沒必要如此嚴肅正經，更不應該為此亂扣倫理道德的大帽子，不妨輕鬆一點、放開心胸地面對愛情。

　　幽默風趣成為在愛情世界裡悠遊自得、左右逢源的最佳利器，一旦發現獵物，得手的成功率幾乎高達百分之八九十，懂得善用自己的優勢，是一個聰明、花樣多的愛情獵人。

　　愛情要讓人愉快，而不是讓人沉重；愛情生活應該精彩豐富，而不是規律穩定；愛情之所以迷人，是因為追求的快感，而不是耐心的等待；愛情最讓人興奮的部分是達陣之前的疾速奔馳，

而不是達陣之後的塵埃落定；愛情最令人回味的是曾經擁有，而不是天長地久。

雙魚沒什麼主見、配合度很高，尤其在情人面前更是小鳥依人、百依百順，情人說要往東，雙魚就不會往西，即便情人的要求或期望對自己來說是一件可怕痛苦的事，還是會硬著頭皮配合。雙子喜歡聰明、獨立、有想法的情人，覺得和這類型的情人有共同語言和習性特質，不僅能聊天聊得盡興、玩樂玩得開心，而且也才有機會培育愛苗。

雙魚雖然愛意濃，而且溫柔和順，但卻不是雙子欣賞的類型，甚至會讓雙子有難以負荷的感覺，而雙子見獵心喜、愛情熱度不持久的花心特質，也讓雙魚常有一不小心就會被拋棄的恐懼擔憂，兩人的愛情態度迥異，速度感也完全不同，疏離感永遠大於親密感。

◇ 如何吹奏兩人的愛情協奏曲？

　　無論談什麼話題，不是各持己見，就是相互批評，根本是話不投機半句多，對生活的態度，一個灑脫一個嚴謹，對愛情的認知，一個開放一個收斂，簡直是秀才遇到兵，有理講不清，實在很難溝通。兩人之間最欠缺的就是傾聽對方心裡的聲音，若只是一昧地表達自我想法或堅持自我主張，恐怕連和平相處都有困難，更不可能談情說愛了。

讓雙子動心的祕技 不黏膩，變換花招，有新鮮感。

讓雙子窩心的禮物 度假招待券、手機、益智遊戲、趣味商品。

讓雙子開心的場所 咖啡廳、百貨公司、旅遊景點、大賣場。

雙魚 love 巨蟹

　　巨蟹情人要的愛情是一份包含了溫柔體貼、善解人意、至死誓言的安全感，暖暖的、厚實的、永恆不變的。在真愛來臨之前，害羞、不知所措，沉醉在真愛裡的時候，甜蜜深情，卻又惴惴不安，當真愛確定不移之後，放心安穩，一生奉獻，毫無保留。

　　雖然，兩情相悅的美麗情懷是不可欠缺的，但更圓滿美好的表現應該是再加進像家人一樣的親情，因為那才是不怕洪水猛獸侵襲、不懼天崩地裂破壞的情感，源遠流長，直到永遠。

　　容易猶豫不定，且情緒起伏較大，所以需要對方循序漸進的引導，以及耐心地守候，不適合火力全開的激烈攻勢。兩人爭吵時，無法在第一時刻把思緒理清楚、把話說明白，必須經過一段

時間冷靜思索，才會有答案，對方若一昧強硬逼迫，不但無效，還可能產生反效果。

雙魚柔情似水與溫順可人的特質，充分表現在愛情世界裡，寧願犧牲自己的喜好，委曲求全地去配合情人，為的就是想要多得到對方的一點愛、關心和呵護。巨蟹對於雙魚的心情，能夠百分之百的理解，因為巨蟹也是一個願意為愛奉獻的人，只要對方開得了口，巨蟹就勇於答應，所有的努力都是為了成就一段愛情。

雙魚和巨蟹的心思都很細膩、情感都很豐沛、心地都很善良，當雙魚付出真愛，巨蟹不但能深切感受，而且會毫不考慮地回饋更多，兩人從不計較誰吃虧、誰佔便宜，因為彼此心裡都很清楚，這就是一份心甘情願的、無怨無悔的真情摯愛。

◇ 如何吹奏兩人的愛情協奏曲？

　　初見對方的感覺，即使沒有如天雷勾動地火般的激烈，一定也有小鹿亂撞、心跳加快那種被愛神之箭射到的甜蜜感覺，簡單地說，就是好感說不完的一見鍾情。兩人才相處三天就像認識了三年似的，完全不需要適應期，也沒有使人感覺不快的隔閡，任何困難都可攜手共度，相知相隨，親暱熱切，情感濃烈的幸福程度，讓所有人都羨慕不已。

讓巨蟹動心的祕技 愛家，關懷體貼，寵愛。

讓巨蟹窩心的禮物 手工藝品、傢飾品、仿古傢俱、田園風格商品。

讓巨蟹開心的場所 花店、安靜溫暖的餐廳、跳蚤市場、懷舊之地。

雙魚 love 獅子

　　獅子情人所認定的愛情是轟轟烈烈、濃情蜜意、瘋狂烈愛……總之，就是一個不折不扣的重口味者，一旦陷入愛河，勢必高調地昭告天下，深怕漏掉一耳一目，而此舉的目的不僅是為了享受引人側目、招來嫉妒的得意感，更想讓對方感受到雄渾烈火般的愛意。

　　愛面子又不認輸，即使是自己做錯也不許別人笑，堅持保有尊貴的地位和非凡的氣勢，對方只要懂得順著獅毛梳理，不硬碰硬或逞嘴上之能，一定可以贏得歡心，過著吃香喝辣、橫行無阻的風光生活。

　　雖然有自己的喜好和行事風格，而且有些霸氣、自大，卻不會隨便亂發脾氣，只是一旦對方犯了大忌，引發獅子發火，可能就很難收拾了。

喜歡群聚的熱鬧氣氛，真正為兩人世界所花的時間和心力不多，把情人和朋友放在一起玩樂的模式似乎才是最愛。

　　雙魚總是以弱者的姿態出現，獅子總是以強者的角色現身，在初識之時，雙魚的楚楚可憐、溫柔怯懦吸引了獅子的目光，讓獅子有一種想要照顧和保護的心情，而獅子的落落大方、非凡氣勢亦打動了雙魚的心，讓雙魚瞬間被獅子擄獲，想要一生一世跟著獅子、依偎在獅子身邊，當一隻全天下最聽話順從的小貓。

　　然而，當兩人相處久了，獅子才發現自己根本沒耐心和黏人的雙魚生活一輩子，而缺乏安全感的雙魚也開始為獅子一段又一段的異性桃花感到憂心，雙方對彼此都不再有美好的想像，甚至不由得產生負面心情，情感發展到最後，漸行漸遠似乎成了必然的結局。

◇ 如何吹奏兩人的愛情協奏曲？

　　彼此之間好像隔著千山萬水，只能遙遙相望，不太有機會親近對方，而雙方也的確都沒什麼相互接觸的意願，屬於感情難以培養的組合。每次好不容易努力把兩人送作堆，卻又狀況連連，不是一方莫名地礙著了另一方，就是雙方互不給好臉色，實在難相處，所以，兩人特別需要學習摒除成見與耐心溝通，才有可能進一步往好的方向發展。

讓獅子動心的祕技 讚美，順從，玩樂的興致高昂。

讓獅子窩心的禮物 華麗閃亮的飾品、太陽眼鏡、高價精品、皮件。

讓獅子開心的場所 舞廳、五星級飯店、高級俱樂部、狂歡派對。

雙魚 love 處女

處女情人的規則多如牛毛，異味止步、指甲不能太長、看書時不能用力折……這些規則讓那些搞不清楚狀況的人動輒得咎，前面那條規則都還沒瞭解透澈，接下來的一句話或一個動作，又馬上又犯了錯，簡直就要把對方搞瘋了，而自己也因為氣到爆青筋而快出人命。

喜歡談有建設性的話題、喜歡具學習價值的活動、喜歡可獲取實質利益的工作，謹慎務實的特質讓愛情變得不怎麼浪漫，但對於個人性格的磨練與成長，倒有極大的幫助。

把親情、友情與愛情切割得一清二楚，無論是自我認知或實際行為，都沒有模糊地帶，執行嚴明，同時也要求對方達到一樣的標準。雖然，愛挑剔，愛叨念，但卻是一個以誠相待、對感情

負責，交往到一定程度即願意與對方攜手共度一生的情感穩定分子。

雙魚是一個對愛渴求、隨時放電、希望永遠都不要離開愛河的人，即使愛河裡可能出現具有攻擊性的野獸，或足以致命的暗流漩渦，也甘之如飴。處女對於愛情的態度是務實而可靠的，在沒試過水溫、不瞭解真實的狀況，且尚未做好風險評估之前，絕不會輕易走入愛河，寧願在岸邊等待一個有把握的好機會。

雙魚的浪漫在處女眼中變成危險，處女的嚴謹在雙魚心中變成阻礙，但還好的是彼此的愛情特質並非絕對衝突，只要雙魚懂得善用柔情來軟化處女，而處女能用實際行動讓雙魚覺得安心，很快地，兩人就會被相互依賴的甜蜜感深深包圍，體會意想不到的幸福。

◈ 如何吹奏兩人的愛情協奏曲？

　　一開始就注意到對方，但沒有好感，看不順眼，隨口就可以講出對方千百個令人討厭的缺點，沒想到慢慢地，越看越有趣，臉上笑容變多了、心變柔軟了、喜上眉稍的感覺藏不住了，冤家變親家，一段致命吸引力的情緣從此展開……既然彼此真有愛意，就應該多包容、多站在對方的立場思考，相互磨合修整，互斥自然就變成了互補，美麗圓滿。

讓處女動心的祕技 有禮貌，乾淨整齊，知性話題。

讓處女窩心的禮物 健康用品、有機食品、筆記本、精美日用品。

讓處女開心的場所 強調健康概念的餐廳、聽演講、博物館、書店。

雙魚 love 天秤

　　天秤情人是標準的「外貌協會」，除了自己愛美、注重形象之外，就連情人的長相、氣質、穿著打扮，甚至生活品味，都要一併列入考慮，只要稍有差池就淘汰，平時喜歡當濫好人，為了顧全大局，總是鄉愿妥協，但與外形有關的部分絕不會委曲求全。

　　讓這個人滿意了，可能那個人就生氣了，同意了這邊的要求，就等於拒絕了那邊的好意……最怕陷入兩難的矛盾情緒，一遇到需要抉擇的場面，不是刻意敷衍，就是隱遁逃避，直接來個不問不理。

　　對於愛情的態度是柔軟清爽，而不是濃厚強烈，即使是情人之間的相處，也只像一陣舒爽輕柔的風，或像一條澄淨透明的溪水，或像時而淡

香、時而無味的空氣，絕不是熾茂燄盛的烈愛，也不是糾糾纏纏的熱情，和一般人對愛情的期待大不相同。

雙魚和天秤之間有一種不衝突，但也不親密的微妙關係，如果兩人想成結識為朋友，或許可視為君子之交淡如水，問題不大，但若想把這樣的關係套在愛情上，恐怕不容易有理想的結果。雙魚喜歡一天到晚和情人膩在一起的親暱感，總覺得這種無時無刻被愛包圍的感覺，才像在談戀愛、才讓人有幸福感，而天秤雖然也喜歡有情人陪伴，但卻需要適度的自由時間和空間，否則會有喘不過氣的壓迫感。

雙魚不會因為天秤的外務太多而生氣，但會自憐自艾，天秤不會因為雙魚的多情而感動，反而會想逃避，兩人對對方的愛都不夠濃厚，稍遇危機，就可能斷了、散了，難以維繫。

◈ 如何吹奏兩人的愛情協奏曲？

　　大部分的時候，雙方就像兩條平行線，很難有交集，既不想知道對方的任何訊息，也不可能主動關心對方，總是各自為政、互不搭理。因為彼此沒有互動的渴望，所以即使有接觸的機會，也很難建立在愛情上。基本上，要兩人相安無事地相處，並非難事，反而要培養出情投意合的愛意是比較不容易的，所以，一定要不斷地運用各種方式激發出自己與對方的熱情，才有可能長相廝守，直到永遠。

讓天秤動心的祕技 溫和，精心打扮，熱情。

讓天秤窩心的禮物 時尚精品、香水、音樂盒、設計師名品。

讓天秤開心的場所 優雅的咖啡廳、流行商品店、名牌店、音樂廳。

雙魚 love 天蠍

　　天蠍情人的愛情是濃密厚實、是深沉入裡、是專心一志、是飛蛾撲火、是欲念橫流⋯⋯是沒有做好心理準備就陷落的人，承受不起、也消化不了的。滿滿一缸醋罈子，隨時等著打翻，對情人的精神與肉體施以同樣嚴格的控管，連一點細縫都不留。

　　疑心病重，心思縝密，觀察力過人，喜歡追根究底，對方只要有一點不對勁，便立刻著手調查，而且是暗中偵察，絕不會做出打草驚蛇的傻事，非要查個水落石出不可，並保證讓對方心服口服。

　　只要認定了一個人、一段感情，再多犧牲奉獻也覺得心甘情願，最痛恨欺騙和背叛，對方若膽敢在背後亂搞，即使僅有一次，也會立刻被判

死刑，不但永無翻身之日，還可能遭到嚴厲的懲罰和報復，是一個占有欲極強、寧為玉碎不為瓦全的激情分子。

雙魚純真善良、隨和親切，眼裡不時冒出溫暖甜蜜的愛心，讓人看了又愛又疼，是一個全身散發柔情力量的發電機，常不自覺地就把大家電得全身發暈。天蠍不善於對他人表達愛意，面對別人給予的愛也總是採取防衛心態，但其實天蠍的內心充滿了熱情之火，只是在等待對的時機為對的人付出。

雙魚豐富的情感和單純的真情，能慢慢融化天蠍封閉的性格和封鎖的感情，而天蠍則回以熾烈熱情，把雙魚團團包圍，讓雙魚特別有安全感。時間越久，對於雙魚和天蠍的愛情越有利，因為兩人都屬於細火慢燉的人，只要感情基礎打得穩，天長地久絕對不是問題。

◈ 如何吹奏兩人的愛情協奏曲？

　　愛情之於兩人，就像水之於魚、陽光之於花草、食物之於人類——絕對缺不得。一個是不能一日沒有愛情，只要一沒人愛就哭哭啼啼、自怨自艾，一個是一旦愛上了就全力以赴、犧牲奉獻，專注的表現和釋放的熱情，無人能擋。彼此情深意濃，纏綿悱惻，說什麼話都是甜的、做什麼事都是美的，每天好像活在夢裡，快樂又幸福。

讓天蠍動心的祕技 自信，循序漸進，不探隱私。

讓天蠍窩心的禮物 精油蠟燭、偵探小說、占卜工具、神祕學書籍。

讓天蠍開心的場所 電影院、幽靜木林區、具靈異氣氛的場所。

雙魚 love 射手

　　射手情人無法在兩人世界耽溺太久，才相處幾天，立刻把平時陪在身邊瞎混瞎聊的好友拉攏過來，一起吃喝玩樂、遊山玩水，從兩人世界變成三人，再變成六人、十人……最後狐群狗黨全都上場，明顯多了插科打諢的歡樂氣氛，但浪漫的愛情氣息則蕩然無存。

　　沒有定性，所以無法和同一個人膩在一起太久；熱愛自由，所以無法被同一段情感長時間束縛；討厭壓力，所以無法給出一個具體的承諾。絕大部分的基本特質與愛情本質是相悖的，且改變不易。

　　因為自己開朗樂觀、大方豪邁，因此希望對方也是個正向陽光、心胸開闊的人，如果一天到晚只在乎小細節、只是唉聲嘆氣、只想緊迫盯人、

只吵著要兩人獨處、只懂得用恐嚇威脅、只會說一些假裝讚美的應酬話，那麼，兩人的結局恐怕凶多吉少。

雙魚的愛很浪漫，射手的愛很火熱，雙魚表達愛的方式很溫婉，射手表達愛的方式很直接，當雙魚含情脈脈看著射手，射手立刻被電得七葷八素，整個人像餓虎般撲向雙魚，熱情如火。不過，射手耐心欠佳，很快便失去新鮮感，甚至可能又發現新目標，就把雙魚冷落在一旁不管，讓仍沉醉愛河的雙魚措手不及，每天以淚洗面，為愛傷心。

其實，雙魚和射手並非完全不適合，只要雙魚懂得運用柔情攻勢和癡等絕技，慢慢地，當射手四處飄泊的心累了、煩了，自然會主動回到雙魚身邊，這時候，雙魚不費吹灰之力就能將射手牢牢擒住，而且兩人的愛情發展也有機會漸入佳境。

◆ 如何吹奏兩人的愛情協奏曲？

　　兩人性格不相容、氣味不相投、生活不搭軋，從見面的第一眼就在心裡畫一個大叉，接二連三的罵聲從心裡冒出來，只差沒有真的脫口而出，立刻列入不往來的黑名單。但神奇的是，不契合的狀況竟隨著幾次的相處，演變成不打不相識，兩人慢慢理解對方，原本的壞印象也會持續減少，所以，雙方應該試著多給彼此機會去表現各自的優點，如此一來，愛苗就有空間慢慢滋長了。

讓射手動心的祕技 不約束，講笑話，
活動力強。

讓射手窩心的禮物 旅遊用品、太陽眼
鏡、笑話書、民族風飾品。

讓射手開心的場所 具異國風情的餐廳
或景點、同樂會、大自然。

雙魚 love 摩羯

　　摩羯情人凡事追求踏實安定，即便遇到以夢幻浪漫為本質的愛情，亦不改其堅定不移的態度和立場，一旦決定與某人交往，必是以結婚為前提作考慮，認真程度一如面對工作時的嚴謹負責，而且備有長期周詳的愛情計畫，絕不輕言兒戲。

　　表面看起來穩健自信，其實內心摻雜著脆弱悲觀的性格，需要身邊的人時不時地給予肯定和鼓勵，才得以抒解壓力和排解苦悶，繼續努力向前，所以情人必須扮演多重角色，既要是溫柔體貼的情人，也要是善於傾聽兼加油打氣的心靈導師。

　　不懂享受，毫無情趣，更惶論花錢花心思買生日禮物、過情人節或為紀念日慶祝，舉凡基本生活需求之外，一切從簡，認為真正的愛情應該

是兩個人老老實實地同甘共苦，而不是不知民間疾苦地拚命享樂。

雙魚往往只顧著談情說愛，很少想到兩人的未來，反正先愛了再說，只要現在開心甜蜜就好，至於那些可能破壞浪漫氣氛的現實問題，就先擱在一邊，等到不得不面對了再想辦法。摩羯重麵包甚於愛情，如果雙方對將來沒有共識，即便愛苗已經滋長、愛意已呼之欲出，還是要當機立斷地就此打住，絕對不會為一段險象環生的愛情浪費時間。

但愛情就是如此奇妙，當雙魚漸漸被摩羯的負責和穩定打動，當摩羯被雙魚的溫柔和體貼感動，極端的理性與感性開始有了匯聚融合的機會，彼此學會各退一步，並試著接受對方的特質，從此之後，堅定的浪漫和善意的固執變成兩人最幸福的愛情符號，永誌不渝。

◈ 如何吹奏兩人的愛情協奏曲？

雙方的契合感是渾然天成的，不矯情，不必刻意培養，即使單純地坐著也覺得愉快，對於某些事或某些狀況能很快地取得共識，不僅愛情指數穩定向上攀升，就連愛情濃度也持續增高，彼此相親相愛的情景羨煞所有人。所以，兩人只要堅持不讓沒事變有事、小事變大事，就能安然無恙地共創美好未來。

讓摩羯動心的祕技 言之有物的談話，端莊，正面思考。

讓摩羯窩心的禮物 名牌皮件、經典文具、實用的傢俱、古董。

讓摩羯開心的場所 山區、公園、郊外、書店、古蹟、博物館。

雙魚 love 水瓶

　　水瓶情人常因博愛精神而被認定為花心大蘿蔔，其實這性格特質與愛情是無關的，必須分開來看待。在還沒確定一段感情之前，廣交異性，來者不拒的行為，的確容易被當作遊戲人間的花蝴蝶，可是一旦定下來之後，則自然會收斂許多，只留唯一的真愛。

　　無論在思想或行為上，都追求最大限度的自由，只要有一點拘束限制的感覺，立刻毫不客氣地變臉走人，寧可放棄甜蜜的情愛、契合的交流、溫暖的陪伴，也要爭取自我應有的空間。

　　聰慧、自我、創新，所以特別喜歡反應快、有想法，而且夠獨立的對象，不管大部分人的愛情模式和規則是什麼，只願意接受讓自己覺得舒服快樂的方式，即便可能因此引發爭端、招來非

議，仍堅持繼續試探衝撞，直到雙方找到相同的頻率為止。

　　雙魚不怕付出、不怕犧牲、不怕等待，最怕是絕對的冷漠，因為雙魚是一個極度缺乏安全感的人，只有擁抱愛才會覺得安心，對於被關懷照顧的渴望，十分熱切。水瓶的愛時而天馬行空、時而忽冷忽熱，連自己都無法說出個所以然來，更惶論被愛的一方能夠理解，不過可以確定的是，水瓶絕對無法忍受束縛的窒息之愛，因為那種黏死人不償命的感覺，會讓水瓶生不如死。

　　雙魚要的愛，水瓶無法給予，水瓶要的自由，雙魚放不掉，兩人即使費盡氣力時間磨合、協調，成效仍然有限，倒不如試著把距離拉遠一點，再看看對方時，或許就會更美、更順眼。

◈ 如何吹奏兩人的愛情協奏曲？

打從相識之初，兩人就覺得不對盤，若是繼續相處下去，非但情況不易好轉，甚至每況愈下，最後只好以漸行漸遠收場。彼此的性格完全不同，喜好幾乎零交集，沒有共同話題，難以理解對方的思考模式，對於參與對方的生活更是興趣缺缺，所以，如果雙方仍想要攜手共度未來，一定要懷抱著無比的決心和包容力，否則最後還是要說再見的。

讓水瓶動心的祕技 獨立，以退為進，

培養相同興趣。

讓水瓶窩心的禮物 最新科技商品、科

幻小說、漫畫書、奇特商品。

讓水瓶開心的場所 3C賣場、天文

館、可觀星的郊外、展覽會。

雙魚 love 雙魚

　　雙魚情人希望自己二十四小時都能在愛情海裡悠遊，不用管生活的壓力、煩人的工作、複雜的人際，只要整天和情人黏在一起，你儂我儂、甜甜蜜蜜，就等於擁有了無與倫比的快樂。

　　情緒是混雜的，情感是曖昧的，搞不懂自己到底想要什麼，說不清自己到底愛誰比較多，一旦處於質詢逼問的緊繃場面，只會選擇逃離，留下關係糾纏交雜的爛攤子。生性膽小怯懦，學不會拒絕，也不懂得分寸和自制，特別容易被人騙，或在不知不覺中騙了別人。

　　愛聽對方講心事，也喜歡講自己的故事給對方聽，快樂時一起大笑，悲傷時一起落淚，情感被交融得濃稠緊密，從此認定那就是浪漫情懷、就是千金萬金買不到的至愛真情，但誰知過幾天

又遇到情投意合的對象，所有夢幻感性重新再來一遍，彷彿沒完沒了的情愛輪迴。

雙魚無時無刻都需要愛情的滋潤，浪漫的情話讓雙魚心花怒放，至死不渝的誓言讓雙魚感動落淚，悠游於愛情海的雙魚是最幸福快樂的。雙魚與雙魚的愛情，是甜膩的、濃稠的、飽滿的，除非是當事者自願，否則任誰都無法切斷兩人之間綿密的愛意。

雙魚費心安排浪漫的約會，讓同樣情感豐沛的另一方覺得窩心；雙魚靜靜傾聽和誠心鼓勵，讓同樣柔弱怯懦的另一方感到安慰。不過，雙魚老是學不會拒絕，以及常與異性發生曖昧關係的習性，卻經常讓彼此的愛情變得糾纏難解，雖然雙魚每次都會想盡辦法為自己脫罪，但一次又一次的傷害已經造成，甜蜜戀曲變調，感覺已不再單純美好了。

◇ 如何吹奏兩人的愛情協奏曲？

　　要描述兩人在一起的感覺，最貼切的形容就是又愛又恨。當彼此磁場契合、頻率相同的時候，怎麼看怎麼順眼，就算對方講的話無聊至極，也能肉麻當有趣地笑得花枝亂顫，但如果兩人意見不合時，對對方的容忍度立刻降到零度，毫不留情面。所以，不妨多想想對方的優點和兩人曾經共有的甜蜜回憶，等氣消了、怨沒了，自然雨過天晴。

讓雙魚動心的祕技 浪漫溫柔，主動，體貼。

讓雙魚窩心的禮物 手製卡片、花、水晶飾品、巧克力、宗教飾品。

讓雙魚開心的場所 海邊、有月光的公園、動物園、靈修場所。

12 星座之天使與魔鬼

天使牡羊：熱心，真誠

魔鬼牡羊：粗暴，衝動

天使金牛：溫柔，可靠

魔鬼金牛：頑固，耍牛脾氣

天使雙子：風趣，資訊達人

魔鬼雙子：花心，沒原則

天使巨蟹：奉獻，善解人意

魔鬼巨蟹：濫情，猜疑

天使獅子：大方，誠懇

　　　　　　　　　魔鬼獅子：權勢，剛愎自用

天使處女：服務，負責

　　　　　　　　　魔鬼處女：批判，規矩多

天使天秤：優雅，妥協

　　　　　　　　　魔鬼天秤：推拖，好逸惡勞

天使天蠍：專心，堅持

魔鬼天蠍：嫉妒，報復

天使射手：開朗，直率

魔鬼射手：直言，不切實際

天使摩羯：勤奮，謙遜

魔鬼摩羯：刻板，現實

天使水瓶：創新，人道精神

魔鬼水瓶：抽離，冷漠

天使雙魚：愛心，關懷

魔鬼雙魚：混沌，說謊

PART 5

12 種上升星座，12 種雙魚

除了基本的太陽星座，

上升星座在深入探討性格時也會被談到，

它會影響了個人的相貌特徵和外型氣質，

還包括呈現給別人看的性格面具。

上升星座查詢連結（需要輸入出生年月日時間及地點）

https://www.astrotw.com/horoscope/asc

上升星座落在牡羊的雙魚

上升牡羊的相貌特徵

☆ 頭部比例明顯較大

☆ 不高大，但具結實感

☆ 手掌和腳掌比例較小

上升牡羊的外型氣質

☆ 精力旺盛，急躁直率

☆ 眼神中透出天真單純的氣息

☆ 直言，自然，不做作

上升牡羊的人，就像不經困境、不克服挑戰就覺得不夠痛快的勇士，精神振奮、生氣勃勃，全身散發著旺盛的精力和無懼的勇氣，行動迅速

敏捷，隨時處於征戰狀態，有強烈的競爭和好戰意識，見一個打一個、見兩個打一雙，企圖以具體行動來證明自己的實力。

上升星座落在牡羊的雙魚，經常對他人主動表達關心，一遇到適當時機就努力傳達愛與慈善的理念，雖然有時會讓人覺得過度熱心，但整體來說，在眾人心中所留下的形象還是美好的。

有逃避責任的傾向，尤其對於沒興趣或自覺能力不足的事，不負責任的情況更加明顯，不太會勉強自己做不喜歡的事，面對外來挑戰的勇氣也只是初期的瞬間，只要一遭受挫折，就會立刻放棄。

喜歡沉浸在具有藝術氣息的氛圍裡，不但將音樂、繪畫、文字等創作內化於心，而且不吝於將自己的才華表現出來，與大家一起分享、欣賞，全身散發一股熱愛藝術的濃厚氣質。

上升星座落在金牛的雙魚

上升金牛的相貌特徵

★ 身材比例均勻而厚實

★ 下巴、脖子的線條優美

★ 成年後有容易變胖的傾向

上升金牛的外型氣質

★ 溫和，不多話

★ 情緒穩定，動作緩慢

★ 有時會顯露出無辜的模樣

上升金牛的人，讓人感覺穩重溫和、緩步優雅，做起事來不疾不徐，既不懂得趨炎附勢，也不隨波逐塵，有自己的步調節奏和原則方法，凡事強調事前規畫與嚴格執行，絕不會讓怠惰壞了大事；喜歡一切與美麗有關的事物、氛圍、感覺，具有一定程度的生活品味。

　　上升星座落在金牛的雙魚，情緒經常在實際與浪漫之間擺盪，有時因為自己表現得不夠堅持穩定而氣惱，有時因為過於在意物質生活而自覺精神層次不夠高，難以取得平衡。

　　極具藝術天分，尤其與美形相關的高品味藝術，更是發自心裡的喜愛與欣賞，只要稍加接觸，立刻就能以源源不絕、精準細膩的形容詞來描述內心感受，充分展現與生俱來的藝術才華。

　　為人和善客氣，親和力十足，而且態度從容平穩，不會讓人覺得有壓力或有距離感，但需要

面對挑戰或處理問題時，則顯得過於弱勢，甚至逃避，不夠勇敢，需要加強培養自信心。

上升星座落在雙子的雙魚

上升雙子的相貌特徵

☆ 肩膀寬厚，肩線明顯

☆ 手指靈活或比一般人長

☆ 大多有視力的問題

上升雙子的外型氣質

☆ 反應靈活，動作敏捷

☆ 表情多，愛說話，且速度很快

☆ 情緒變化快

上升雙子的人，反應靈巧機敏，頭腦轉速是他人的好幾倍，對於周遭人事物的感知力甚強，隨機應變、見風使舵是不費吹灰之力就能運用得宜的拿手絕活；聰慧俐落、點子多，對於知識與資訊的吸收消化能力特別強，經常在團體中扮演訊息交換者的角色。

　　上升星座落在雙子的雙魚，隨著多變的思想和善變的情緒不斷波動著，腦子停不下來，手腳也少有休息的時候，常常同時「想」很多事和「做」很多事，缺乏穩定性和持續力。

　　耳根子軟，總是不分青紅皂白地將所有紛雜訊息照單全收，再加上掛在嘴上的做人做事原則，簡直形同虛設，因此特別容易受他人或環境影響，而且往往是負面影響比較多，成為人生發展上的一大阻礙。

　　極具寫作天分，既有感性的思緒，也有知性

的邏輯，見到一草一花、風雲日月、悲歡離合，心情溫度自然會產生不一樣的變化，各種心靈感受藉著筆觸娓娓道來，人生變得更豐富多彩。

上升星座落在巨蟹的雙魚

上升巨蟹的相貌特徵

- ★ 胸部寬厚、凸顯
- ★ 皮膚細緻，身材豐腴，屬易胖體質
- ★ 重心在上半身

上升巨蟹的外型氣質

- ★ 眼神明亮，含水感
- ★ 情緒起伏大
- ★ 沒有侵略性

　　上升巨蟹的人，給人一種害怕陌生、畏縮膽怯的印象，但本身親和力十足，總是在他人低潮

受困時大方伸出援手；對於喜樂哀怒的情緒轉換掌控制能力不佳，易情緒化；重心大多放在自己家庭，或與家庭有關的事務上，例如為家人打理大小事宜，甚至為家人犧牲奉獻等等。

上升星座落在巨蟹的雙魚，情感就像漲潮的海水，浪濤澎湃、氾濫漫溢，一陣又一陣地襲來，彷彿永無止境，有時莫名感傷，有時愛意濃烈，身陷漩渦，無法自拔。

人生中最難突破的困境就是過於情緒化，無法理智，容易失控，遇到問題時，不是任性地置之不理，就是隨意亂下決定，甚至已經走到最後關頭了還死不認錯，有嚴重的自欺欺人傾向。

對人慈悲關愛、和藹親切，很少發脾氣，在群體中的配合度很高，也不喜歡和他人爭權奪利，容易滿足，即使吃虧也無所謂，是一個善良、好商量，而且願意付出的人。

上升星座落在獅子的雙魚

上升獅子的相貌特徵

⭐ 頭較大，頭髮自然捲，
  肉結實

⭐ 眼睛大而圓，且眼角向上揚

⭐ 成年後有容易變胖的傾向

上升獅子的外型氣質

⭐ 眼睛炯炯有神，氣勢凌人

⭐ 光明磊落，精神奕奕

⭐ 開朗，愛表現

上升獅子的人，自認是天生活在舞台上、被聚光燈追著跑、擁有眾多支持者的王者，活力充

沛、自信滿滿、開明華麗，隨時隨地都在想辦法引起他人的注意，自尊心十分強盛；領導才能突顯，而且架勢十足，自願扛起指揮坐鎮的重責大任，同時享受被人愛戴尊崇的榮譽。

上升星座落在獅子的雙魚，就像一個外表威嚴，但內心慈善的宗教家，雖然秉持著給予、幫助、散播愛的理念，卻不會因為過分付出而讓人感覺濫慈悲，有為有守，進退合宜，堪稱模範。

相信人性本善，對人沒有太多的懷疑，無論面對陌生人或熟識的人，都採取同樣信任的態度，這種性格的優點在於有好人緣，但缺點則是容易被騙，已經被人賣了卻還幫人數鈔票，傻得天真。

內心有一股強大的創作意念，時時刻刻都在蠢動著，好像水快要滿出缸子的感覺，急於發表與分享，有時甚至無暇顧及別人的感受，只是一個勁兒的拚命給予，讓人覺得好氣又好笑。

上升星座落在處女的雙魚

上升處女的相貌特徵

- ✪ 骨感，身材比例細緻
- ✪ 下巴較尖或較瘦，嘴巴較小
- ✪ 屬於乾性膚質

上升處女的外型氣質

- ✪ 清爽整齊，有禮貌
- ✪ 拘謹，小心翼翼
- ✪ 隨時注意任何細節

上升處女的人，端莊有禮、心思細微、嚴謹務實、認真負責，符合一般社會化標準的期待，容易給他人留下良好的第一印象；組織力和分析

力特別強，可以在極短的時間內，把一件事從亂無章法整理成井然有序的系統化，被公認為精練能幹的效率達人。

上升星座落在處女的雙魚，明明不是一個有紀律、懂得規畫分析的人，卻硬是要表現出一副精明能幹、效率至上的模樣，全身上下充滿矛盾，常因此把自己折騰得很累，而且最後還事與願違，得不償失。

搞不清楚事情的輕重緩急，應該快快處理的事，擱置一旁，甚至完全遺忘，反而對那些可以等有空閒時再慢慢解決的問題，急得像熱鍋上的螞蟻，導致經常在人際的應對進退方面出狀況。

具有高度的服務精神，不管是芝麻綠豆大的小事，還是攸關生計的大事，都樂於提供支援協助，雖然有時會讓人有一種略嫌嘮叨多事的感覺，但以整體形象來說，還是很正面的。

上升星座落在天秤的雙魚

上升天秤的相貌特徵

⭐ 身材適中，骨架勻稱

⭐ 下巴多有稜角，雙唇飽滿

⭐ 穠纖合度，不易過胖或過瘦

上升天秤的外型氣質

⭐ 舉止優雅得體

⭐ 有親和力，給人舒服的感覺

⭐ 口才好，具社交手腕

上升天秤的人，優雅迷人、強調公平原則、善於社交，除非遇到過於不合理的狀況，否則大多會選擇配合他人，以避免製造不愉快的爭端；

必須存在於人群團體之中，才會有安全感，無論做什麼都喜歡有人陪伴，藉著與他人的互動，感受自身的需求與心理狀態。

上升星座落在天秤的雙魚，打扮得宜、氣質出眾、溫文有禮，總是給人美好迷人的印象，怎麼看都覺得舒服，是一個十分注重自我形象，且特別強調美感的人。

因為想太多、因為怕得罪人、因為擔心有人不開心、因為不喜歡吵鬧衝突的氣氛、因為不知怎麼做才能同時顧及到所有人的感覺和需求……所以，態度總是曖昧不明，做什麼事都下不了決定。

腦子裡裝的都是和吃喝玩樂有關的事，或是天真浪漫、幾乎不可能實現的幻想，擔當不了重任，也不會主動去想一些比較有建設性的事，安逸懶散，且抗壓性極低。

上升星座落在天蠍的雙魚

上升天蠍的相貌特徵

✪ 沒什麼腰身，臀部豐滿

✪ 毛髮烏黑又濃密

✪ 眼神深邃神秘

上升天蠍的外型氣質

✪ 獨特的神秘魅力

✪ 話不多，冷酷靜默

✪ 性感，悶騷

上升天蠍的人，習慣將真正的情緒藏於內心，外表冷靜內斂、沉著鎮定，與他人之間彷彿隔著一道銅牆鐵壁，堅硬厚實，難以攻破；獨特的神祕魅力、堅忍不移的專注力、無法撼動的意志力，組合成一股凡人難敵的吸引力，靜謐卻幽遠地影響著身邊的每一個人。

　　上升星座落在天蠍的雙魚，心思敏感細密，直覺強烈，好像有讀心術似的，只要靜靜地在一旁觀察，對方也不需要說太多話或做太多動作，就能看穿對方的心，洞察力十分驚人。

　　外表冷酷，其實內心熱情如火，愛似狂潮，情感簡直濃烈到化不開，不過這樣的真實性格大多只會在熟人面前表露，因為對陌生人會有不自覺的距離或敵意，必須等彼此漸漸熟絡之後，才會顯現真面目。

　　對於宗教、靈學、神祕學等相關的訊息與知

識，具有極高的興趣和天賦，即使未經正統課程的訓練，也能很快進入情況，由內心自然而然散發的一股能量，能夠將靈魂意志推向不可知的精神境界。

上升星座落在射手的雙魚

上升射手的相貌特徵

☆ 身材重心在下半部

☆ 大腿特別結實

☆ 怕熱，容易出汗

上升射手的外型氣質

☆ 帶著一點喜感，很開心

☆ 笑聲大，笑容燦爛

☆ 粗線條，常跌倒或打翻東西

上升射手的人，永遠是那麼快樂無憂、精神奕奕、瀟灑自在，雖然也常被粗心大意或隨興而起的性格所害，但終究是一個樂觀主義者，所有煩惱皆能轉頭就忘，完全不留痕跡；喜歡學習、交朋友和旅行，善於發揮正面的能量，並努力以行動實踐自己的理想。

　　上升星座落在射手的雙魚，不喜歡有壓力的生活，想盡辦法躲避嚴肅的話題，或乾脆擺出不理不睬的姿態，無論旁人如何威脅利誘都沒效，只想一直這樣慵懶閒散下去，即使可能因此毫無成就也無所謂。

　　人生的基本主軸就是去煩忘憂、開心快樂，與人相處時，凡事以和為貴、以樂為要，別人有需要幫忙的地方，傾力相助，別人心情沮喪或際遇不順時，努力安慰，因而被認定是最適合當好朋友的人選。

沒什麼責任感，無法承擔重責大任，沒有時間觀念，總是拖拖拉拉，即使是牽連重大的事件，也不當一回事；自制力很弱，兩天捕魚、三天曬網，心裡想的永遠都是玩樂和放鬆，少有正經事。

# 上升星座落在摩羯的雙魚

上升摩羯的相貌特徵

⭐ 骨架大，肌肉結實

⭐ 皮膚顏色較深，髮質較粗

⭐ 身材大多屬於清瘦型，不
易發胖

上升摩羯的外型氣質

⭐ 嚴肅，表情不多，沉靜

⭐ 帶著一股憂鬱氣質

⭐ 少年老成的模樣

上升摩羯的人，外表看起來比實際年齡成熟，
散發一種不開心的憂鬱特質，讓人覺得拘謹嚴厲，

不易親近；做事循規蹈矩、勤奮不懈、嚴守分際，標準的實際主義者，不浪費時間在沒有實質獲利的事情上，付出一分耕耘，就要有一分收穫，不占人便宜，但也不吃虧。

上升星座落在摩羯的雙魚，外表主觀強硬，內心卻包容寬大，頗有刀子口豆腐心的味道，雖然常說：「這太不像話了，成何體統！」其實心裡想的是：「這樣似乎也沒什麼不好！」內外在的反差極大。

悲觀主義者，凡事習慣往壞處想，容易陷入鑽牛角尖、擔心過度的迷思，心裡總有放心不下的危機感，很想找個方法來解決，但卻又百思不得其解，坐困在自己築起的愁城，不知如何是好。

有藝術天分，卻不輕易展現，總覺得作品還不夠好，需要一次又一次的修正調整，在反覆的過程中尋找自我真諦和心靈歸依，雖然，淬鍊是

痛苦的、漫長的，但以最後呈現的完美之作來看，卻十分值得。

上升星座落在水瓶的雙魚

上升水瓶的相貌特徵

⭐ 身材比例姣好

⭐ 手和腿的曲線優美

⭐ 皮膚細緻白皙

上升水瓶的外型氣質

⭐ 帶著靈氣的獨特美感

⭐ 思緒清晰，說話條理分明

⭐ 冷靜，有自己的想法

上升水瓶的人，低調冷漠、古怪獨特，不喜歡惹人注意，總是站在遠離核心的邊陲地帶，以冷眼旁觀的姿態看著一大群行為模式相同的人，我行我素，需要百分之百的自由；對於與人類福祉相關的活動特別熱衷，是一個極具博愛精神的人道主義者。

上升星座落在水瓶的雙魚，對於靈魂學、外星人之說、新時代信仰等相關訊息十分感興趣，本身對大自然的感應能力很強，追求形而上的精神層次，不把財富放心上，認為心靈滿足才是人性最根本的需求。

做人做事沒有一定原則，今天覺得開心，就和人多聊兩句，明天覺得心煩，就一個人躲起來，離群索居，被歸類為性情中人，脾氣有些古怪，但對人無害，只是比較隨心所欲，不受傳統禮教的制約。

對於自己不想面對的事，總是無止盡拖延，不管這麼做會受到什麼樣嚴厲的批評指責，或對他人造成多大傷害，仍執意而為，但其實一邊心裡擔心害怕著，一邊又固執地不做任何處理，真是自作自受。

上升星座落在雙魚的雙魚

上升雙魚的相貌特徵

✪ 頭的比例較小，髮質柔細

✪ 眼睛大，但是無神

✪ 膚質好，腿細長

上升雙魚的外型氣質

✪ 眼神時而迷濛、時而無辜，
很會放電

✪ 夢幻，膽怯，心不在焉

✪ 情感豐富，易被影響

上升雙魚的人，愛幻想、情感豐沛、靈氣逼人，散發著惹人憐愛的溫柔氣質，對於音樂和藝術的感受力遠遠超越一般人，但容易產生悲觀的想法，自信不足，怯懦膽小；配合度高，沒有強烈的企圖心，不喜歡沉重的責任和競爭的壓力，追求形而上的精神生活。

　　上升星座落在雙魚的雙魚，整體氣勢柔弱，表達含糊吞吐，感覺曖昧不明，與人互動時，容易有會錯意或表錯情的狀況發生，特別是在兩性關係方面，常有糾葛纏繞、牽扯不清的情形。

　　體內蘊藏一股巨大的、深不可測的藝術能量，心裡想的、眼裡看的、耳裡聽的、嘴裡哼的、手上畫的、腳下踏的……都是一件件令人驚詠讚嘆的藝術佳作，渾然天成，自然完美。

　　對於考驗和壓力毫無承受力，沒有勇氣正面迎戰，只是一昧地逃避或自我麻醉，容易因此陷

入不可自拔的深淵，一失足成千古恨，再回頭已百年身，因此，如何讓自己變得勇敢堅強，將是人生最大課題。

PART 6

怎麼辦？雙魚～

人不可能永遠遇到好人或只與自己契合的人相處，

一旦遇到令自己覺得不舒服、厭惡、痛苦的人，

該怎麼辦呢？

這裡的求生術將帶你脫離苦海，

打造美麗人生！

遇到急躁牡羊，怎麼辦？雙魚～

　　牡羊什麼事都等不得，只恨自己沒有三頭六臂，像什麼慢活、靜心之類的勸戒之言，對牡羊來說，簡直是磨死人不償命的爛建議，心想：我連衝鋒陷陣的時間都嫌不夠、連冒險刺激的快感都還沒享受過癮，哪有時間慢慢來，太多目標等著征服、太多理想等著實現，只有快、再快、最快的節奏，才能讓牡羊感覺暢快淋漓。

　　雙魚做事總是三拖四延，即便到了最後關頭，如果還是感覺沒什麼興致，就會不管三七二十一地繼續擱置，毫無效率可言，而牡羊則是說到做到，身手矯健俐落，心思和動作比誰都快。

　　當雙魚遇到牡羊時，可能會被對方的快速和氣勢壓得喘不過氣來，但還好對方是直腸子，只要以柔克剛，就能化解隔閡，相處和睦。

遇到頑固金牛，怎麼辦？雙魚～

　　金牛看待「下決定」這件事，就像許多人對婚姻大事的看法一樣──考慮再考慮，絕不可兒戲。所以，在下決定之前，總要前思後想、左推敲右揣測，深怕一個不注意，把某處的關鍵細節遺漏了，功虧一簣、悔不當初。等到下定離手之後，便排除任何更動的可能性，即使一路上風雨飄搖、雷電交迫，仍不改其原定方向，始終如一。

　　雙魚沒什麼原則，耳根子又軟，極容易受旁人的影響，原本思索多時才下定的決心，可能因為他人的一句話就立刻翻盤，改弦易轍，而金牛則頑固執著，絕不輕易改變，其決心堅若磐石。

　　當雙魚遇到金牛時，不妨以藝術會友，挑起對方的美感本質，藉由美麗事物拉近彼此距離、抹平性格分歧之處，讓相處氣氛溫和柔美。

遇到圓滑雙子，怎麼辦？雙魚～

　　雙子的機智和靈巧，簡直是渾然天成，毫無破綻，從思考速度、說話方式，到隨時隨地的反應，都讓身歷其境的人不得不拍手叫好，別人是舉一反三，雙子是舉一反十，無論存在任何時空或狀態，都可應變自如，把死的說成活的、把黑的辯成白的，好像考不倒的魔術師，不管題目再怎麼難、觀眾的要求再怎麼奇異，都能玩出令人驚豔的花招。

　　雙魚總是相信別人，不管對方是真心還是假意，一視同仁，毫無分別之心，他人說什麼就信什麼，不懂得猜忌懷疑，而雙子則靈活許多，舉一反三、洞燭先機，總是能比別人快一步行動，趨吉避凶。

　　當雙魚遇到雙子時，不需跟對方比快、比靈活，只要懂得接受對方給予的意見，並多加琢磨思量，就能在識人的功夫上進步神速。

遇到耽溺巨蟹，怎麼辦？雙魚～

巨蟹喜歡活在懷舊的回憶裡，因為在可愛的童年時光、青澀的少年時期、與家人緊緊相依的溫暖氣氛、和好友融洽相處的所有美好記憶裡，最讓巨蟹覺得舒服、自在和安全。巨蟹較為悲觀，凡事容易往壞處想，解決問題的能力和抵抗困難的決心，明顯不足，只要一遇到不順心的事就往蟹殼裡鑽，無法勇敢面對。

雙魚很情緒化，剛剛才開心歡笑，現在就莫名憂傷難過，且特別容易沉浸在負面的情緒之中，無法自拔，而巨蟹也有同樣的性格特質，耽溺於不可能再有機會改變的過往，有時甚至捨不得回到現實。

當雙魚遇到巨蟹時，最好避免製造同是天涯淪落人的悲情氣氛，應該學著相互扶持、鼓勵，攜手轉為正向思考，未來才有光明大道。

遇到沒耐性獅子，怎麼辦？雙魚～

獅子把自己的位子設定得高高在上，總覺得麾下芸芸眾生都必須靠自己過活，所以也不管是真忙還是瞎忙，獅子永遠都有處理不完的事，包括自己主動插手介入的、別人來請求幫忙的，或是意外的突發狀況等等，日理萬機，瑣事紛擾，使得原本就是個急性子的獅子老是動不動就威聲斥喝，顯露出沒耐性的火爆脾氣。

雙魚的包容性很強，對於他人的推拖、延遲、使壞都可以原諒，而且真的完全不放在心上，有耐心又寬容，但獅子則可能因為他人的一點小錯就大發雷霆、獅吼震天，而且性子急，什麼都等不及。

當雙魚遇到獅子時，採取以低姿態緩和高姿態的做法，是最明智的，可以大事化小、小事化無，永遠風平浪靜，安然無恙。

遇到實際處女，怎麼辦？雙魚~

　　處女不談沒有建設性的話題、不做投資報酬率低的事情、不花時間和只會吃喝玩樂的人相處，更不會遐思幻想地做著白日夢，生活中所有大小事情全由嚴密的計畫控管著，利益和風險都已被精密地計算、分析，只有使命必達，沒有多餘的藉口和理由。處女對於自己的規畫十分有把握，且踏出的每一步都堅實穩固。

　　雙魚愛說夢話、愛幻想、愛做美夢，活在不切實際的浪漫情懷中，煙霧迷漫、多彩美麗，希望永遠都不要醒過來，而處女則是步步踏實，絕不混水摸魚，更沒有苟且偷安之心，是一個堅定的務實主義者。

　　當雙魚遇到處女時，不必為了順應對方的標準，把自己逼得太緊，但守好自我本分和降低惹麻煩的機率，的確算是基本要求。

遇到愛享受天秤，怎麼辦？雙魚～

　　天秤一提到工作、任務之類的正經事，就像觀世音唸咒語，讓戴著金箍咒的孫悟空頭痛欲裂、生不如死的感覺，恨不能讓自己的世界與這些煩人的事情永遠隔絕，永不復見。許多蟲子都有趨光性，而天秤則有趨「美」和趨「享受」的特質，腦子想的全都是享樂之事，只要能和美麗的人在一起，並處於愉快氣氛的環境，就是天堂。

　　雙魚喜愛的享受是精神上的迷離、慵懶、混沌，那種不用被時間限制、不需對誰負責、不必承擔任何壓力的悠遊自在，而天秤的享受則是外表的、世俗的，也就是要讓大家看得到，且可被稱讚的。

　　當雙魚遇到天秤時，一起享受精神的美麗饗宴，一起分享物質的奢華精緻，簡直樂不可支，但切記應適可而止，否則可能自食惡果。

遇到嫉妒天蠍，怎麼辦？雙魚～

天蠍的眼裡容不下一粒沙、心裡容不了一個異己，非要做到純粹再純粹、精煉再精煉的地步，就像經過千百道去除雜質的程序後，最後所留存下來毫無雜質的部分，才能讓天蠍百分之百安心。天蠍對於自己愛的人和所擁有的，必傾注全力愛護與奉獻，也期望對方同等回饋，一旦出現外力干擾或背叛警訊，天蠍妒火中燒，後果將不堪設想。

雙魚對於界限、分際、對錯的理解力是很低的，常常搞不清楚善惡是非，更不懂得嫉妒懷恨，而天蠍卻把你的我的他的分得一清二楚，眼裡容不下一粒沙，隨時都有可能妒火中燒。

當雙魚遇到天蠍時，不要把自己為人處世的標準和對方的混為一談，凡事謹言慎行，隨時多留心，就能避免始料未及的戰火。

遇到心直口快射手，怎麼辦？雙魚～

射手性子急、動作大又快，說話更是口沒遮攔，不管面對什麼對象或處於什麼場合，射手的表達都只有二個動作，第一個是「想到」，第二個是「立刻脫口而出」，省略了在腦子裡思量和修整的過程，所以總是讓對方感覺像被突如其來的亂箭射中一般，遍體鱗傷，痛到不支倒地，但射手卻還能繼續眉飛色舞地敘述著，毫無知覺。

雙魚是迂迴的、不把話說明白的、情緒不明確的，一方面是因為本身沒什麼原則，另一方面是怕傷了別人，而射手則說話不經大腦，也不會去觀察他人的反應，總是坦率直觀，無論做什麼都不會想太多。

當雙魚遇到射手時，可能會被對方的直言所傷，但還好是一溫一火的組合，只要自己能找到緩和情緒與療傷的方法，就能和平共處。

遇到利己主義摩羯，怎麼辦？雙魚～

摩羯的利己主義不是用在享樂，而是對自己有實質幫助的事情上，尤其金錢與名利方面的報酬，最被重視。摩羯在做任何事之前都要仔細評估，哪怕只是一件微不足道或影響有限的小事，也毫不輕忽，更別說是攸關成敗的事業規畫和人生大計，必定再三思索、前後推敲，確定萬無一失之後才行動，絕不會讓自己吃虧或浪費無謂的時間。

雙魚是利他主義，摩羯是利己主義；雙魚是浪漫多情，摩羯是冷峻拘謹；雙魚重視的是精神層次，摩羯強調的是物質生活；雙魚追求的是情感的豐盛，摩羯在意的是實質的擁有。

當雙魚遇到摩羯時，一開始或許有話不投機的障礙，但只要由少而多、慢慢補給對方精神養分，彼此互動的感覺就會漸入佳境。

遇到冷漠水瓶，怎麼辦？雙魚～

　　水瓶習慣冷眼旁觀、抽離人群的生活模式，學不會熱情，也不可能主動示好，害怕長期且過度融入某個團體、執著於某個想法，或是和某人太過親暱的感覺，那會讓水瓶覺得自己很蠢、很沒風格，所以特別堅持看事情要保持一定的距離，才不致於產生盲點或同流合污，與人相處更需保留適度空間，省去不必要的麻煩。

　　雙魚即使在自己不如意的時候，也會伸出援手拉人一把，豐沛的情感與同情心，是最根本的性格本質，而水瓶則習慣冷眼旁觀，沒這麼濫情，理智多於感情許多，過著抽離的人生。

　　當雙魚遇到水瓶時，會有莫名的距離感，但只要相處的時間夠久，對方心裡那塊冰漸漸融化，雙方的情誼熱度自然會迅速升高。

遇到自欺欺人雙魚，怎麼辦？雙魚~

雙魚的拿手好戲就是逃避現實，明明事實已經擺前眼前，還是有辦法睜眼說瞎話，自欺欺人地胡編謊言，以為這樣就能矇混過關，其實大家不僅早已看出真相，而且也對雙魚欺瞞的性格留下負面印象。雙魚怕辛苦、怕有壓力、不願承擔責任，就用裝聾作啞或直接消失的方式面對事情，常讓人為之氣結。

雙魚厭惡被煩惱折磨，更受不了事實的殘酷，所以選擇自欺欺人，用一個謊來圓另一個謊，以為活在自編的謊言世界裡是安全的，但紙包不住火，待東窗事發，不得不面對時，痛苦早已累積至百倍、千倍。

當雙魚遇到雙魚時，危險指數急遽升高，因為互相欺瞞和互編美夢讓事情變得更糟，還不如勇敢面對，以免延誤脫離困境的黃金時機。

12 星座不易被發現的隱藏性格

牡羊 習慣逞兇鬥狠的牡羊，真要哭起來，猶如天崩地裂，挺嚇人的！

金牛 肢體不靈活的金牛，如果有高人指點，有機會變身為舞林高手。

雙子 好像可以同時處理好幾件事的雙子，其實瞎忙的成分比較高。

巨蟹 多慮膽小的巨蟹，一旦犧牲奉獻，則勢如破竹、勇氣過人。

獅子 愛熱鬧的獅子，也會有不愛搭理別人的自閉傾向。

處女 表面端莊整齊的處女，在沒人看見的時候，完全不是那麼回事。

天秤 要求平衡、客觀的天秤，其實主觀的不得了。

天蠍 冷酷、疑心病重的天蠍，一被打動，就完全受對方擺布。

射手 粗線條的射手，在研究學問時，倒是十分仔細謹慎。

摩羯 拘謹嚴厲的摩羯，遇到喜歡的人，會變得非常浪漫。

水瓶 看起來不問世事的水瓶，其實對所有狀況都瞭然於胸。

雙魚 說話含糊、不具體的雙魚，心中早有答案，只是不說而已。

星座小熊 第一本星座書 雙魚座
同喜同悲超貼心

作　者／星座小熊,曾新惠
美術編輯／達觀製書坊
責任編輯／twohorses
企畫選書人／賈俊國

總 編 輯／賈俊國
副總編輯／蘇士尹
編　　輯／黃欣
行銷企畫／張莉滎、蕭羽猜、溫于閎

發 行 人／何飛鵬
法律顧問／元禾法律事務所王子文律師
出　　版／布克文化出版事業部
　　　　　台北市中山區民生東路二段 141 號 8 樓
　　　　　電話：(02)2500-7008 傳真：(02)2502-7676
　　　　　Email：sbooker.service@cite.com.tw
發　　行／英屬蓋曼群島商家庭傳媒股份有限公司城邦分公司
　　　　　台北市中山區民生東路二段 141 號 2 樓
　　　　　書虫客服服務專線：(02)2500-7718；2500-7719
　　　　　24 小時傳真專線：(02)2500-1990；2500-1991
　　　　　劃撥帳號：19863813；戶名：書虫股份有限公司
　　　　　讀者服務信箱：service@readingclub.com.tw
香港發行所／城邦（香港）出版集團有限公司
　　　　　香港九龍九龍城土瓜灣道 86 號順聯工業大廈 6 樓 A 室
　　　　　電話：+852-2508-6231　傳真：+852-2578-9337
　　　　　Email：hkcite@biznetvigator.com
馬新發行所／城邦（馬新）出版集團 Cité (M) Sdn. Bhd.
　　　　　41, Jalan Radin Anum, Bandar Baru Sri Petaling,
　　　　　57000 Kuala Lumpur, Malaysia
　　　　　電話：+603- 9057-8822　傳真：+603- 9057-6622
　　　　　Email：cite@cite.com.my
印　　刷／韋懋實業有限公司
初　　版／2024 年 2 月
定　　價／300 元
ＩＳＢＮ／978-626-7337-78-3
ＥＩＳＢＮ／9786267337813（EPUB）

© 本著作之全球中文版（繁體版）為布克文化版權所有‧翻印必究

城邦讀書花園　布克文化
www.cite.com.tw　WWW.SBOOKER.COM.TW